江恩股市趋势理论

（专业解读版）

【美】　威廉·D. 江恩（William D. Gann）　著

张艺博　译

人民邮电出版社

北　京

图书在版编目（CIP）数据

江恩股市趋势理论：专业解读版 /（美）江恩
(Gann,W.D.) 著；张艺博译. -- 北京：人民邮电出版
社，2015.1
ISBN 978-7-115-37621-3

Ⅰ. ①江… Ⅱ. ①江… ②张… Ⅲ. ①股票投资－基
本知识 Ⅳ. ①F830.91

中国版本图书馆CIP数据核字(2014)第264826号

内 容 提 要

本书是华尔街投资大师威廉·D.江恩继《江恩股市操盘术》和《江恩选股方略》之后所写的又一部股市操作指南。作者通过二十多年的实践交易经验证明了他所提出的一系列理论的正确性，并与读者分享了他独到的七个实用交易原则。本书以1925—1935年的股市为背景，通过分析克莱斯勒汽车公司股票10年的交易记录，详细介绍了利用月线、周线走势图和成交量来研判个股趋势的具体操作方法，以及如何设定停损单以保证投资收益的最大化，为读者在投资时提供了参考。此外，本书特别邀请了《证券市场红周刊》的资深专栏作家亲自执笔翻译并做注点评，使读者可以穿越百年时空，更好地领悟书中的要点，并将其应用于当今国内A股市场。

本书适合初入股市、希望了解股市运行基本规律以及所有对投资感兴趣的读者阅读。

◆ 著 【美】威廉·D.江恩（William D. Gann）
 译 张艺博
责任编辑 陈斯雯
责任印制 焦志炜

◆ 人民邮电出版社出版发行 北京市丰台区成寿寺路 11 号
 邮编 100164 电子邮件 315@ptpress.com.cn
 网址 http://www.ptpress.com.cn
北京天宇星印刷厂印刷

◆ 开本：700×1000 1/16
 印张：14   2015 年 1 月第 1 版
 字数：100 千字   2025 年 10 月北京第 56 次印刷

定 价：49.00 元
读者服务热线：(010)81055656 印装质量热线：(010)81055316
反盗版热线：(010)81055315

前　言

　　当一个人写作的目标不是为了赚钱、实现自己的雄心壮志或者出名，而是为了帮助那些需要帮助且心存感恩的人时，他就能写出最好的作品，这样的作品才能给他人提供最好的帮助。

　　我在 1923 年写作《江恩股市操盘术》（*Truth of the Stock Tape*）一书，主要有两个原因：一方面，当时人们确实需要那样一本书；另一方面，我个人的经历和学识确实能够给予他们所需要的帮助。在那本书中，我分享了自己的经验和学识中最闪光的部分，并收到了应有的回报。同时，人们也非常感激我的付出和努力，纷纷购买我的书以表示支持。迄今为止，人们仍在购买它。他们说这是一本好书，其价值远非金钱所能衡量。这实在是太令我欣慰了。

　　1929 年的牛市到达了最高点之后，为了迎合股票市场所谓的"新时代"的到来，人们纷纷表示需要一本全新的书来指引他们在股市中驰骋。于是，在 1930 年的春天，我写了《江恩选股方略》（*Wall Street Stock Selector*）一书，毫无保留地将自己的满腹经纶和多年在市场里摸爬滚打的珍贵经验都奉献给了读者。这本书能帮助人们保护自己的本金和利润，那些读过此书的人都说这是最好的图书之一。现在此书仍在销售，我因此书能帮助更多的人而再次感到欣慰。

关于预测股票在未来 3 年、5 年、10 年甚至是 20 年的趋势这件事，可以说没有人能完全做到。但是，如果他是一名爱钻研、勤奋而刻苦学习的好学生，那么他一定能够学到很多，而且在多年的经验累积之后会学得更容易些，距离预测股票趋势这一目标更近一些。我本人在 1923 年预测股票的能力就比 1911 年要好很多。此后七年多的操作实践让我学会了很多东西，所以我才有能力在 1930 年写出《江恩选股方略》一书，让读者能分享到我不断增加的知识。现在，又过去了五年多的时间，我的经验和通过实践验证的新规则比 1930 年时更加丰富，我又学到了更多的知识。在这期间，1929—1932 年的大恐慌以及随后的市场走势，是我最宝贵的财富，我从中学到了更多关于如何正确地买卖股票的知识。我意识到，如果我将这些知识传授给那些珍惜它的人，我自己不会有任何损失，而更多的人将因此而受益。

读过我的书的广大读者强烈要求我再写一本新书。因此，我又一次答应下来，撰写了这本《江恩股市趋势理论》以飨读者。我相信，本书将帮助广大读者避免因不计后果的投机行为而落入股市陷阱。如果我能引领更多的人学到更多的股票交易知识，那么我将再一次为我的不懈努力所能取得的回报而感到欣慰。

威廉·D. 江恩（William D.Gann）

1936 年 1 月 3 日

于纽约华尔街 88 号

目　录

第一章　全新的华尔街交易规则

自从我分别于 1923 年和 1930 年写作了《江恩股市操盘术》（*Truth of the Stock Tape*）和《江恩选股方略》（*Wall Street Stock Selector*）两本书后，全球爆发了前所未有的经济大萧条，这一股票市场史上的最大跌幅，最终于 1932 年 7 月 8 日触底终结。不得不说，市场自 1929 年以来发生了一些变化，一些新法规的实施影响了股票市场的走势。新的股票市场监管制度的建立，使股票市场的走势发生了翻天覆地的变化，制定新的交易规则来迎合这种改变已是刻不容缓。谚语有云，"旧事已过，凡事皆新，新旧更替，万物如斯"，"智者通权达变，愚者刚愎自用"，旨在告诫人们，当环境发生改变时，你必须要随之做出改变。凡是不愿改变或寻找新方法行事的人，注定会失败。

这是一个时刻都在发展和进步的时代。我们都在前行，而不是倒退。我们每个人都不可能停止在原地，而必须紧随时代的步伐，以免成为"过时"名单中的一员。就像亨利·福特（Henry Ford）发明流水作业线制造 T 型车一样，他依靠此车型赚了上亿美元。在福特所处的年代，这种车型

1

十分受欢迎，福特自己对 T 型车也很满意。但是，时代和人们的生活环境很快都发生了变化，公众需要一款更时髦的、更好的汽车。福特是个聪明人，他敏感地预测到 T 型车市场前景即将不妙的"不祥之兆"，意识到自己必须转变思路。于是，在史上最大的经济危机的萧条期中，他在最困难的时候选择了关闭工厂，变卖资产，转而又投资超过一亿美元开发了一种全新的、更好的汽车。就像男孩子常常挂在嘴边的那句话一样，"他把一位夫人打造成一位焕然一新的美人"①。福特在打造这款全新的汽车时，并不是只想着赚更多的钱。被自豪感和野心而不是贪婪所驱使的福特，为了满足公众对美好生活的愿景，提供了物美价廉的小轿车。公众迅速对全新的福特轿车做出了反应，一时间，新福特成为时尚潮流的引导者。自此以后，每一年福特都坚持对自己的汽车做出改进，而 1936 年款的汽车成为迄今为止生产过的最好的汽车。

怀揣着自私动机的政客们总是公开宣扬抵制华尔街，误导公众对纽约股票交易所的从业人员和参与交易的人的看法。事实上，世界上没有哪个行业的从业人员比纽约证券交易所的成员具有更好的声望，也没有哪个商人能像纽约证券交易所大厅内的经纪人一样信守合约。其他行业的商业合约都是为了未来到货的不同种类的货物而签订的，比如木材、纺织品等各种商业产品。在这类合约的履行过程中，当价格上涨时，买方就会要求卖方交付产品；但是当价格下跌时，买方就会取消自己的合约，让卖家自己去想方设法避免损失。我可以引用一位优秀的木材经销商的话来说明这种情况，这位经销商在给我的一封

---

① 夫人在这里特指老款福特汽车。——译者注

信中这样写道。

做木材生意,你不可能依照未来的价格变化来获利,即便你能够有幸预测到未来木材价格的走势。因为当价格下跌时,买家往往会取消合约;但是锯木厂却希望能履行合约,以合约卖出价成交。即使是实际价格高于合约价格也是如此,木材承销商看重的是履行合约。这是锯木厂卖给工厂木材的一般原则,很少有例外。因为那些工厂是美国木材的主要买家。所以,当1934年上半年木材价格出现下跌时,我的公司木材订单的撤销总量达到140万立方尺。我知道这对你来说简直太奇怪了,因为迄今为止,在你的世界里,一份合约总是同时绑定买卖双方的,从未出现过违约的现象。

我本人对华尔街使用的商品交易方式充满敬意。在华尔街交易了十年之后,我认为世界上没有任何一个地方能像华尔街这样,不履约或者不诚实的行为如此稀少。

纽约证券交易所的交易员试图不履行他出售自己购买的股票的合约,这种事是闻所未闻的。当经纪人在纽约证券交易所买卖股票时,通过点头或者举手示意的方式来达成合约。此时合约的履行和他自身的名誉是息息相关的,他必须以此为生,而且他确实也是这么做的。无论股票的走势对他多么不利,也无论他会因此亏损多少,他都不会逃避自己应该承担的债务和责任。他从不试图撤销自己已经签订的合约,他总是及时交付、按时履约。以此可知,纽约证券交易所里的经纪人和经理人们,是世界上最诚实和最可信任的人。

公众似乎混淆了纽约证券交易所的地位和职能,它只不过是买卖双方进行交易的一个载体和交易方式的具体呈现。纽约证券交易所的场内经纪人根本不必为他的合伙人或者场外交易的交易行为负任何责任，在过去的岁月里很多肆无忌惮的操控行为都是这样发生的，他们只是按照交易指令行事而已。但是，公众被误导以为证券交易所及其成员们一直在与这种行为做斗争，这就十分荒谬了。经纪人只不过是依照指令买卖股票，并竭尽所能为他们的客户提供最好的服务而已。纽约证券交易所的服务范围也莫过于此，不过它又提供了一种非常实用的服务。大部分美国制造业的公司在这里上市，它们股票的名字在纽约证券交易所的报价单上赫然在目，每一个买家或者卖家都知道每天某只股票的价格行情。没有纽约证券交易所就不会有票据交换所（Clearing House），人们就不能在需要的时候将自己手中的证券换成现金。纽约证券交易所自从1792年就已经设立，这一事实本身就说明它满足了经济增长的需求，否则它早就应该破产了。

华尔街和纽约证券交易所制定的规则和它们经营业务的方式，多年以来一直都被认为是最好的，而且无须改变。然后，一种"新交易"出现，证券交易所的规则也做出了相应的调整。在这些规则付诸实施之前，纽约证券交易所发现了一种全新的商业需求，它们的客户要求确切地知道交易执行过程中的每一个细节。

为什么谴责华尔街和纽约证券交易所

在市场中赚到钱的人从来不会把自己的利润归功于华尔街的经纪人，

或者任何其他人。他认为这都是自己的功劳。那么，为什么他亏损时就应该归咎于其他人呢？

如果你参与交易并且输了钱，不要让政客误导你，让你觉得共同基金经理、市场操控者、华尔街或者纽约证券交易所是你亏钱的原因，实际上他们都不是。因为没有人会关心你做的交易，你买卖股票只是因为你希望能赚到钱，而当你赚到钱时你肯定不会抱怨，所以别像个孩子一样做出"幼稚的行为"——一亏钱就埋怨别人。假如你自己不小心跑到汽车的前面而被撞倒，你会因为自己疏忽大意而造成的后果，反过来去责怪汽车和司机吗？难道就因为汽车曾经撞死过人，就要通过法律禁止汽车在道路上行驶吗？而现在的政客们花费了数年时间极力要通过一项法令，以限制证券交易所和商品交易所（Commodity Exchanges）一些真正实用的业务，其理由仅仅是因为一些在市场里赔过钱的人，抱怨国会没能对正常提供实用业务的交易所加以限制。这样的行为难道不幼稚吗？

供求规律

纽约证券交易所、纽约棉花交易所（New York Cotton Exchange）和芝加哥交易所（Chicago board of Trade）所有证券和大综商品的价格都取决于供求规律，无论买家或者卖家是公众、共同基金经理，还是操控者。价格下跌是因为卖家比买家多，而当股票变得紧俏稀缺时价格就会上涨，此时买家比卖家多。这些交易所的成员们并不能主导整个市场，他们只不过是为公众和一些大投机商执行买进和卖出的指令而已。过去，共同基金经理和大投机商确实可以联手操纵价格，但是即便如此我们也不能责备交易所，因为它仅仅提供了一个交易的清算场所而已。

假如你发现了主要市场中主力的赚钱规律，你会根据他们的操作来买卖，并依此赚钱，不是吗？假如你知道一些大作手在操作什么股票，你也一定会跟随他们买卖。人们总是问我，"怎样才能轻松地赚钱"或者"怎样才能快速赚到钱"，对于这些问题我显然无法回答，因为从来就没有轻轻松松能赚到的钱，或者迅速发财致富的秘籍，除非你自己通晓这方面的知识。要得到就要先付出。只有值得拥有的东西才值得付出。赚到快钱这样的事，其弊大于利。

你完全可以通过成为一名华尔街的优秀侦探来学习大作手的操作手法，这样你就能通过学习供求关系的规律，洞悉市场的"当权者"在做什么。实际上，每一只股票每天的总成交量、最高价和最低价的相关记录，都被公开地刊印在全美发行的新闻报纸上。这一点毫无秘密可言。对你来说，你所要做的只是提升自己以紧随市场潜在的运动法则。如果你学习了供求规律，并且运用了我的市场法则的话，你就能洞悉趋势并从中赚到钱。

新政策是如何改变市场的

华盛顿交易新政及其相应法律条文的通过，对股票交易的影响远远超出公众的想象，具体表现在以下几个方面。

虚假交易在《证券交易法》（*Securities Exchange Law*）中是被严令禁止的；

专家被限制只能自己做交易；

卖空行为被禁止；

大幅提高持有股票的保证金，此举使得成交量锐减；

提高股票交易个人所得税，包括所得税以及其他的征税项目都有所提高，此举使得无论是投机者还是投资者都选择更长期地持有股票，不再随意卖出，以避免自己投资收益中的绝大部分都要纳税给政府。

这一系列法令改变了市场中有价证券的现状，虽然偶尔会使股票表现得更坚挺，但是由于未来空头将被限制，共同基金的规模将会变得更小，专家对市场的支撑作用也会比过去小很多。这些因素最终会使股票价格陷入疲软，股票将比以前下跌得更快。

市场即将进入严重抛售的黑暗期，竞买价与竞卖价之间的差距将越来越大，当越来越多的人想要卖出股票而没有人想买入时，股票将变得更加难以出手。另外，高额的保证金将会对市场造成不利影响，因为40% ～ 60%的保证金使得人们会持有股票更长时间，或者死扛直至保证金几乎被用光。然后，所有人几乎同时都想要卖出股票，但是买家却很少。这样势必导致市场大幅下跌。我的观点是，股票交易新法规的出台，会使得公众认为未来投资股票几乎没有什么获利效应。正如许多在罗斯福总统的治理下通过的法律条文一样，都已经被证明是有百害而无一利的。最近最高法院发现，宣布这些法律条文不符合宪法精神已经势在必行。

专家解读

　　和大多数作者一样，江恩在写作之时也是开宗明义。相信他已经不是第一次在他的书中提到股市中的新规则——供求规律。无论什么人，无论将这一理论披上什么样的外衣，作为亘古不变的商业规律，供求规律可以说渗透到我们生活中的每一个角落。江恩对这一理论的重塑和强调，构成了整个股市趋势理论的基石。作为投资界的标志性人物，江恩在股市中"神算子"的地位迄今无人可以撼动。实际上，股票的供求规律和平常我们熟知的其他商品价格的涨跌规律没有什么区别。作为一个无可辩驳的公理，迄今为止，即使交易规则、方式、方法，甚至参与交易的人都发生了改变，供求规律也从未有所改变。一票难求总是伴随着价格奇高。当年 A 股市场只有"老八股"的时候，自然是奇货可居；而如今随着证券市场的扩容，各种各样的创新板块证券的推出，股票供应量已经达到了前所未有的数量。A 股市场发展的下一阶段，是应该继续扩容，继续放宽上市公司准入条件，让市场来自我调节股价，还是切实实行市场注册准入制度呢？相信随着 A 股市场的进一步完善，市场的监管者和参与者都日臻成熟之后，一个健康、成熟、稳定、公正的证券市场一定会呈现在大家面前。

　　江恩对罗斯福新政的评价，译者不敢苟同。这可能是因为参与交易和监管整个市场两者所站的角度不同吧。但是提高保证金和限制卖空，当时确实在很大程度上遏制了投机，尤其是在战后百废待兴之时。江恩高举"不符合宪法精神"，即自由、平等、博爱之精神的大旗，从自由市场或者市场经济的角度来考量，确实有理有据。无论怎么讲，出发点和所站的高度或位置不同，肯定会得出不同的结论。但是，无论对历史如何评说，我们总是能从不同的角度汲取一些东西为己所用，这正是我们读书的重要目的之一。然而，无论江恩对政府经济政策的评价如何，在整个市场中他所取得的成就是不可否认的，甚至可以说是璀璨耀眼的。在江恩的投资生涯中，成功率高达80%～90%，他用小钱赚取了巨额的财富，在其53年的投资生涯中，他一共从市场上取得过3.5亿美元的纯利。

由于时代的局限性，江恩在本章所列举的那些对未来的预见存在谬误。但是，正所谓金无足赤，人无完人，这正是江恩作为一个真实的交易者而非"神"存在的意义。后来，股市在罗斯福新政下火了很多年。敬畏市场，顺势而为。我想，江恩在本书中罗列的大量交易数据和林林总总的交易原则，都是这八个字的真实体现。

第二章　成功交易的基础

你有没有停下来思考一下，认真分析为什么你会在股票上赔钱，或者为什么每次当你交易的时候总是错的呢？如果你这样做了，那么你很可能会发现你只是在依据自己对未来的希望、银行家的观点、经纪人的观点，或者仅仅依靠自己的胡乱猜测来进行交易。导致你赔钱的另外一个原因是，你不肯承认自己的错误，而且当你交易时没有事先设定好止损位。就算我们忽略掉你所犯的错误以及亏损，缺点依然是你本身固有的，因为在买卖股票之时，你从未对你的交易制定一个具体的规则。

你应该学习交易知识，以去除恐惧和希望。接着，当恐惧和希望不再困扰你的时候，知识会确保你稳定永久地从交易中赚取利润。你会发现股票的真谛，然后学习如何去运用这些规律，我在《江恩股市操盘术》、《江恩选股方略》以及这本书中都已经给出了具体的交易规则。这样你便了解了股票交易的相关知识，如同得到了一次前所未有的股票操作培训。至此，每当你进行交易时，就将有足够优秀的既定规则让你利用。你既不会满怀希望也不会感到害怕，你只是在依据事实进行交易而已。

这一切都将有效地保护你的本金，你可以利用停损单来截断亏损，这样才能真正赚到钱。

有一种可以保证你彻底不犯错误的操作方法，就是在每次逆势进行买卖操作的时候设定停损单。停损单几乎可以在所有方面保护你。当你买入一只股票的时候，一般将停损单设置在距离买入价1、2或3个点之内。如果你因为有事外出，或者因为某种原因远离你的股票经纪人之时，突然发生了意外事件，导致股票急剧下跌，此时你的停损单会自动执行卖出操作。该股在触发你的停损单后可能还会继续下跌10个点，但是这个过程已经与你无关了，因为你的停损单已经成交，你只需承担较小的损失。执行停损单不需要你一直盯盘，也没有必要非得在经纪人可以联系到你的地方，因为一切都是事先设定好的，停损单会自动执行。

除了运用我在本书中给出的交易规则，并且认真研究和学习股票的历史走势之外，没有任何东西能给你任何有价值的信息，或者能让你预测股票将来的走势。如果你知道一只股票在过去的走势，这会对你研判该股将来的走势很有帮助。所有的买卖行为都被如实地记录在股票价格走势图中，而影响股票走势的内在因素就是供求关系。如果你能采用正确的方法来研究价格运动，就会发现它比经纪人、股票或新闻报纸，或者任何所谓的"内部信息"所能告诉你的都要多得多。

学会独立操作

一个人所能给予另一个人的最大帮助莫过于教会他如何自救。总是想着依靠他人的建议、某种内部消息，或者任何其他人的想法来交易，并想依此达成在股市成功地投机，这显然是不可能的。实际上，想完全依靠他人成功做成一件事，是绝不可能的。你必须要学会独立，从自己的交易中去学习交易方法，从研究市场走势以及实用性的角度来学习市场知识。只有这样，你才能拥有他人所不能给予你的信心和勇气。

聪明人对他人的意见从来都不会盲从，不会关心他人的观点是依据何种理论得出的，相反他会完全依靠自己所看到的、知道的和明白的规则来预测股票市场的趋势。只有这样，他才能成为出色的华尔街侦探。他发现未来市场的趋势并且满怀信心地追随它们。他再也不会说"如果我早知道买入克莱斯勒（Chrysler）股票是正确的，那我就应该买500股，而不是100股"。当他看到并且明白为什么克莱斯勒的股票会有一个确定的上涨方向，他就不会时常感到恐惧或者希望，取而代之的是直接买入500股的信心和勇气。

无论你对什么事情感兴趣，请尽可能多地学习与之相关的知识。除了你的健康之外，对你而言最最重要的事就是如何保护你的本金了。因此你要花时间去学习，自己掌控好自己的钱，永远不要完全依赖他人。

制订明确的计划

现在开始就下定决心为未来制订一个明确的计划，或者切实可行的目标，并且决心按照规则进行买卖。但是，首先你要证明这些规则是正确的，并且非常有效。我在本书中给出的规则就是经过实践检验的正确规则。你可以在短时间内用实践证明其正确性。那些买过我的《江恩股市操盘术》和《江恩选股方略》两本书的人们，都已经学会了这些规则，随之而来伴随着他们的就是成功。如果你认真学习并努力研究这些规则，你也会和他们一样取得成功。

在过去的 35 年间，每一年我都会对自己的方法进行提升和改进，而且我还在不断地学习之中。我的一些最大的发现主要都在 1932—1935 年间完成。经过长期的学习和研究，我简化了这些规则，并且让这些规则更加实用化，这样可以让运用这些规则的人更易于使用它们。具体表现在三个方面：第一，忽略了其中一些不重要的细节；第二，精简了推导过程而直接将结果呈现在你面前；第三，严格遵循同样的规则能赚取利润。

财富源自知识

巨额财富之门仅有一把钥匙能够打开，这把钥匙就是知识。但是，不通过劳动你就无法得到这把钥匙。我本人已经经过努力的学习获得了成功，同理，如果你也能刻苦学习并且努力工作，那么你也可以在股市之外的领域赚到很多钱。努力工作才是通往华尔街财富之门的康庄大道。

当希巴女王①朝见所罗门王的时候，她并不是为了金钱和珠宝，而是

---

① 又称示巴女王，是《圣经·旧约》中提及的人物。传说中，她是一位阿拉伯半岛的女王，在与所罗门王见面后，慕其英明及刚毅，与所罗门王有过一场甜蜜的恋情，并育有一子。传说中的希巴女王有两种形象，一是惊艳绝伦，一是丑陋无比。——译者注

为了寻求所罗门王的智慧。正如作家亚瑟·布里斯班（Arthur Brisbane）所说的那样，正是所罗门王的智慧征服了希巴女王，并赢得了她的爱。我对亚瑟·布里斯班的观点推崇备至。正因如此我才会认为，如果你掌握了股票和商品期货的实用知识，那么用你的本金赚钱将是轻而易举之事。因为金钱总是紧随知识而动的。倘若没有知识，就算你拥有金钱也将毫无意义。一旦你拥有了知识，你就能依靠聪明的投资来增加自己的财富。

成功必备资质

资质一：知识

首要条件，同时也是最重要的条件——你必须拥有知识。

从现在开始下定决心，每天花费 30 分钟到一个小时的时间来研究未来五年股票市场的运行方向，这样你一定能学会研判市场大势的方法，并依此赚钱。你不会去寻求一条快捷而又容易的致富之路，因为你懂得这根本不可能。必须要事先付出很多的时间去认真地研究，才能在股市中赚钱。你花费在获取知识上的时间越多，将来你能赚到的钱就越多。

资质二：耐心

耐心是成功的一个非常重要的品质。当你买进或者卖出股票时，你必须有足够的耐心等待那个最佳时机。这样你才能在趋势发生变化之前及时地平仓交易以兑现利润。

资质三：勇气

我可以把世界上最好的枪交给一个男人，但是如果他连扣动扳机的勇气都没有，他肯定不可能赢得任何射击比赛。同样，你可能拥有全世界所有的知识，但是如果你没有勇气进行买入或者卖出的操作，你也不会赚到任何钱。然而，知识确实能给你带来勇气，使你足够勇敢，并能在正确的时机果断采取行动。

资质四：健康

在你已经获得了投资股票所需的知识，具备足够的耐心，并且胆识过人之后，下一个最重要的条件就是健康。如果一个人身体不够健康，即便他拥有耐心和勇气也一样做不好交易。如果你身体很差，你会变得神情沮丧，失去对未来的希望，你会担惊受怕从而不能正常采取行动。这些年来我一直沉浸在股市交易之中，也曾在身体欠佳的时候交易，也看到过其他人类似的交易经历。迄今为止，我还没有看到有人能在健康状况不好的时候从市场中赚到钱的例子。所以，在你的身体健康状况出现问题时，请退出市场，远离交易，好好回家休养以获取健康的体魄。要知道，健康就是财富。

资质五：资金

当你具备了以上所有取得成功的条件后，你还必须拥有资金。现在我们假设你拥有知识和耐心，懂得使用停损单，能够承担较小的损失，并且从不过度交易，那么你就能用较小的资金赚到很多钱。

请记住，永远不要和趋势作对。一旦你确定了趋势就紧紧追随它，不要去考虑其他的想法，不要主观地希望什么或者害怕什么，只有这样你才能成功。关于这一点，有兴趣的读者可以阅读《江恩选股方略》一书中"24 条永不赔钱的法则"的相关内容。

专家解读

相信很多读者在看到"成功必须具备的条件"一节时会非常激动，以为将会看到制胜法宝。可是细看之下难免会感到失望。然而译者却认为，这正是江恩 54 岁之时"知天命"的准确表达，不然不会在成功要素里加上"健康"这一条，相信很多年轻人看到这一条都会嗤之以鼻。因为对于年轻的投资者而言，勇气、健康和资金都有，唯独缺乏耐心。在这样一个什么都讲究速成的年代，耐心二字在很多人的字典里都找不到。人们关注江恩，在于他提出的各种精算周期、时间、价格和空间等要素分析方法。而且，在所有的股票软件中，江恩的各种指标是最为繁琐的。一般人倘若没有一定的数学功底并且耐心细致地潜心研究，很难搞懂那么多纷繁复杂的线条所表述的确切含义。江恩本人在很多场合下，或者在自己的书中也总是闪烁其词，这就使得这些数字周期显得更加神秘。

也许只有到了"知天命"之年的人才会明白健康和勇气的重要性，此时知识已经不是不可或缺的了，因为所有的行业都是相通的，了解了人性，也就了解了投资。

　　无论年纪有多大，一般的投资者最容易犯的错误就是没能成为一个独立的交易者。成功的交易者一定是孤独的，但是孤独的交易者不一定会成功。即便我们拥有了独立的交易思想，也未必会制订确切的交易计划。中国有一句老话叫"计划赶不上变化"，这是最害人的。我们还发现，即便是有了严格的交易计划，大多数交易者还是很难去执行。这又回到另一个叫作"知行合一"的问题上去了。

　　关于知识带来财富，人们似乎没有争议。但是我要说的是，知识在带来财富的同时，还带来了另一样东西，即丰富的思想。也许有人说，这也没什么不好吧。是的，但是我要说，很多时候正是这样丰富的思想导致投资彻底失败。几年前我曾读过《海龟交易法则》一书，并为其写过评论，深感有些时候太多的知识反而会成为交易成功的羁绊。这一观点值得商榷。

第三章　历史会重演

我们可以通过对历史中股票市场走势的学习，来预测股票市场的未来走势。通过研究最强有力的上涨运动的发生时间，研究最大的市场恐慌和最凶悍的暴跌发生的时间，研究基本趋势运动的周期和趋势中最细微的变化，你就能预测未来将会发生什么。你只要记住一件事，在华尔街的股票市场中已经发生过的事情还会再次发生。上涨和牛市将来会发生，市场大恐慌也会再次发生，正如它们在过去曾经发生过一样。究其本质，这是自然法则在起作用，是时间与价格相互平衡的结果。当市场朝着一个方向运动时，必定有朝着相反方向的修正运动。为了赚取利润，你必须学会紧随趋势，并且随着趋势的改变而做出相应的改变。

历史上，战争往往能对股票市场和商品期货市场的价格产生剧烈的影响。战争爆发之时，常常伴随着市场恐慌和剧烈的下跌，之后便是报复性的反弹或上涨。在战争结束后，又会出现另一次剧烈的下跌或者恐慌，随之而来的是另一次暴涨，而这次上涨的高度可能会比战争持续期间的高点还要高。因此，学习和研究战争开始期间与战争结束期间股市和商品期货的市场行为，就显得尤为重要。唯有如此，在发生类似事件时我们才知道将会发生什么，以及自己该怎么做。

此外，研究股票市场在牛市中从底部开始到顶部之间所持续的时间、牛市最长的持续时间，以及熊市或者大恐慌的最长持续时间也是非常重要的。

江恩平均指数（1856—1874 年）

1856 年　　请参考我的《江恩选股方略》一书，如果你看过此书中的江恩平均指数，你就会看到股市在 1856 年 2 月到达了最高点 95.5 点，紧接着就是一段派发期。

1857 年　　1 月，出现了最后一个高点 92 点。此后出现了恐慌性抛售，下跌开始了。这就是著名的 1857 年股市大恐慌，一直持续到 10 月才终止。我的平均指数在 6 个月中下跌了 58 点。

1858 年　　反弹一直持续到 1858 年 3 月，长达 5 个月。

1859 年　　市场开始下跌，并在 6 月份创出新低，之后下跌持续了 15 个月。

1860 年　　这一年的 9 月份，市场创出反弹高点，之后开始为期 15 个月的上涨。

1861 年　　市场持续低迷，江恩平均指数在 3 月到达 48 点的低
　　　　　位。下跌持续了 7 个月，最后一个低点出现在美国
　　　　　内战经济繁荣期之前。请注意这一点位，观察市场
　　　　　繁荣期的持续时间，并和其他类似战争繁荣期之时
　　　　　相对比。

1864 年　　这一年的 4 月，江恩平均指数到达了 155 点的高位。
　　　　　从最后一个底部低点到这个高点，一共持续了 36 个
　　　　　月，而且期间没有出现持续两个月以上的次级折返
　　　　　下跌走势。

1865 年　　3 月，江恩平均指数到达 88 点的低点，这次下跌持
　　　　　续了 11 个月，下跌了 67 个点。随之而来的反弹在
　　　　　10 月创下了反弹高点 121 点，这次反弹持续了 7 个月。

1866 年　　2 月，江恩平均指数到达 100 点，这次下跌持续了 4
　　　　　个月；之后出现反弹，10 月抵达 125 点的高点，这
　　　　　一点位是从前一个低点算起反弹持续了 8 个月的高
　　　　　点，也是从 1865 年低点算起持续了 19 个月反弹的
　　　　　高点。

1867 年　　4 月，江恩平均指数到达 104 点，本次次级折返下跌
　　　　　走势持续了 6 个月。自此以后，市场开启了伟大的
　　　　　战后繁荣时代。

1869 年 　　7 月，江恩平均指数到达 181 点，这次轰轰烈烈的
　　　　　　牛市从 1867 年 4 月的低点算起持续了 27 个月，从
　　　　　　1865 年 3 月的低点算起持续了 50 个月，从 1861 年
　　　　　　3 月的低点算起持续了 99 个月。这是一个具有里程
　　　　　　碑意义的区间量度，一共是 8 年零 3 个月。战后繁
　　　　　　荣期的最后一个阶段持续了 27 个月。至此，战后繁
　　　　　　荣才告终结，之后市场恐慌再次来临。

1873 年 　　11 月，江恩平均指数抵达低点 84 点。自 1869 年的
　　　　　　高点算起，下跌了 96 点，这一伟大的熊市战役持
　　　　　　续了 52 个月，期间发生了几次反弹走势。例如，在
　　　　　　1870 年 8 月到 1871 年 5 月间，发生了为期 9 个月的
　　　　　　反弹走势；在 1872 年 1 月到 6 月间发生了为期 6 个
　　　　　　月的反弹走势；从 1872 年 11 月的低点反弹至 1873
　　　　　　年 1 月的为期 2 个月的反弹走势。最后一个反弹走
　　　　　　势标志着一个弱势的市场环境，正如我们在 1931 年
　　　　　　和 1932 年所经历的那样。

1874 年 　　2 月，江恩平均指数到达 107 点的高位。这次反弹一
　　　　　　共持续了 3 个月。市场一直到 6 月和 10 月才分别两
　　　　　　次抵达最低点。持续下跌的时间周期分别为 4 个月
　　　　　　和 8 个月。接着，铁路股票出现了大反弹，一直持
　　　　　　续到 1875 年 5 月。

12 种工业股票的平均指数（1875—1896 年）

现在我们开始对 12 种工业股票平均指数继续进行研究，该指数类似于 1897 年开始设立的道琼斯工业指数。

1875 年	3 月，抵达 53 点的高位；10 月，低点为 48 点。
1876 年	2 月，高点为 52 点。
1877 年	10 月，低点为 36 点，下跌历时 16 个月，而且期间并没有出现像样的反弹。
1879 年	一次真正的牛市开始于 1879 年 8 月，并且一直持续到 1881 年 6 月，为期 22 个月。
1881 年	6 月，抵达高点 72 点，总的上涨走势长达 47 个月，其中在 1878—1879 年，有为期 6 个月的次级折返下跌走势，另有好几次为期 2 ~ 3 个月的次级折返下跌走势。
1881—1885 年	从 1881 年 6 月起到 1884 年 6 月止，开始了史无前例的大熊市，12 种工业股票平均指数从 72 点下跌至 42 点。这次熊市一共持续了 36 个月，期间只发生过一次为期 2 个月的反弹走势。和发生在 1932 年 7 月到 9 月间的反弹很类似。接着，指数从 1884 年 8 月反弹的高点开始，又开始一路走低下跌到 1885 年 1 月。至此，指数在 42 点的位置与 1884 年 6 月的低点一起形成了双重底。

1885 年	11 月，指数抵达 57 点的高位，此次上涨历时 10 个月。
1886 年	5 月，次级折返下跌走势低点为 53 点。
1887 年	牛市在 5 月结束，从 1884 年的低点算起历时 34 个月。自底部的第二个低点算起到 1885 年 1 月，历时 27 个月。
1888 年	4 月，熊市的低点为 51 点，历时 11 ~ 12 个月。
1889 年	分别在 6 月和 9 月抵达 63 点的高位。
1890 年	1890 年 3 月指数第三次到达 63 点的高位。至此，指数形成三重顶走势，63 点这一点位已经成为确定无疑的卖点。
1888—1890 年	1888 年 4 月到 1890 年 1 月，牛市一共历时 21 个月。
1890 年	12 月，指数抵达 49 点的低位。从 1890 年 1 月的高点算起，这次熊市历时 11 个月。
1893 年	1 月，牛市上涨到 72 点。本次牛市从 1890 年算起历时 25 个月。紧接着就出现了 1893 年的大恐慌。1893 年 8 月，指数抵达 40 点的低点。这次恐慌历时 7 个月，下跌 32 点。
1895 年	6 月，指数上涨到 58 点，历时 22 个月。这是一次真正意义上的熊市中的反弹走势，因为股市的基本运动仍处于熊市之中。

1896 年　　　布莱恩白银危机（Bryn Silver Panic，1896 年麦金利
　　　　　　以"金本位"击败白银倡导者布赖恩赢得总统大选）：
　　　　　　1896 年 8 月，道琼斯平均指数的低点为 29 点。此次
　　　　　　下跌从 1895 年的顶部算起，历时 14 个月；从 1893
　　　　　　年的顶部算起，历时 43 个月。这次大恐慌笼罩下的
　　　　　　股市下跌结束之后，麦金利繁荣时期正式拉开了序
　　　　　　幕，并从此开启了长达数年的牛市。

道琼斯工业平均指数（1897—1935 年）

1897 年　　　9 月，道琼斯工业平均指数抵达 55 点的高位，此次
　　　　　　上涨历时 12 个月。

1898 年　　　3 月，指数低点为 42 点。自前一高点算起，此次下
　　　　　　跌历时 6 个月。

1899 年　　　4 月，指数高点为 78 点。此次上涨历时 13 个月，紧
　　　　　　跟其后的就是 5 月的剧烈下跌，接着是缓慢的上涨，
　　　　　　直至 9 月抵达 78 点的高点。和 4 月抵达的高点一样。
　　　　　　从 1896 年的低点算起，此次牛市历时 37 个月，如
　　　　　　果从 1898 年 3 月结束算起，牛市历时 18 个月。至此，
　　　　　　麦金利繁荣期正式谢幕。

1900 年	3 月，道琼斯工业平均指数抵达 53 点的低位，这次下跌历时 12 个月。熊市至此宣告终结。
1901 年	6 月，指数上涨至 78 点，和 1899 年的高点一致。本次高点是三重顶的最后一个顶部高点，宣告着牛市的结束。12 月，指数跌至 62 点，本次下跌持续了 6 个月。
1902 年	4 月，指数上涨至 69 点，历时 4 个月。
1903 年	10 月和 11 月，指数跌至 42.5 的低点。从 1901 年的顶部算起，下跌历时 28 ~ 29 个月。从 1903 年 2 月的反弹高点算起，历时 8 个月。1903 年之后，铁路平均指数变得异常活跃，而且成为市场中引领其他指数的风向标。这一点正如前期我们提到的，铁路股非常活跃，也是市场中的领导股。铁路股确实在 1896—1906 年间起到了引领作用。铁路股引领指数所抵达的高点是 1924—1929 年的繁荣之前的最后一个高点，并且也是铁路指数历史上所抵达的最高点。现在，我们接着讲述工业股。

1906 年　　1 月，指数抵达 103 点的高位。从 1903 年的低点算起，本次牛市历时 27 个月。期间没有出现超过 2 个月的次级折返下跌走势，这表明本次牛市是一次健壮无比的大牛市。8 月，次级折返下跌走势跌至 86 点，历时 6 个月。10 月抵达高点 97 点。

1907 年　　1 月，道琼斯工业平均指数再次上涨至 97 点，至此开始了一次较大规模的基本下跌运动。1907 年 3 月 14 日，出现了所谓的"沉默的恐慌"的恐慌性下跌走势。当天股市就狂泻 20 个点，当日道琼斯工业平均指数的低点是 76 点。此后，指数虽然在 3 月反弹至 85 点，但是到 11 月的时候指数已经跌至 53 点。此次熊市从 1906 年 1 月的高点算起历时 22 个月。此时，指数从技术走势上看形成了累积线（吸筹线），11 月之后牛市随之展开。

1909 年　　10 月，指数上涨至 101 点，这也是本次牛市的最高点。此次牛市历时 23 个月，期间没有出现超过 3 个月的次级折返下跌走势。

1910 年　　7 月，指数跌至 73 点。下跌走势的底部形成。本次下跌历时 9 个月。

1911 年	6 月，指数上涨至 87 点。本次上涨历时 11 个月。接着就发生了剧烈的下跌走势。9 月指数跌至 73 点，和 1910 年 7 月的低点一致。
1912 年	10 月，指数上涨至 94 点，这一点位也是牛市波动的顶点，上涨历时 13 个月。
1913 年	6 月，指数在 53 点形成底部。这次下跌历时 8 个月。这是指数第三次到达 53 点的低位，前两次分别是 1900 年和 1907 年。这一点非常重要，它明确地指出，只要三次触底都没有击穿底部，随后而来的必定是上涨。9 月，指数上涨至 83 点，历时 3 个月。12 月，指数跌至 76 点。
1914 年	3 月，指数高点为 83 点，和 1913 年 9 月的高点一致。7 月初，欧洲爆发了第一次世界大战。证券交易所 7 月底就开始关门歇业，一直到 1914 年 12 月才重新开张。但是自 1914 年 12 月证券交易所开张起，工业平均指数就一路走低，跌至 53.5 点才止住，这一低点和 1907 年的低点一致。时间上，从 1912 年 10 月算起，这次熊市一共历时 26 个月。
1915 年	12 月，指数抵达高点 99.5 点，只比 1909 年的高点低一点点。本次上涨从 1914 年的低点算起，历时 12 个月。

1916 年	4 月，指数下跌至 85 点。本次次级折返下跌走势持续了 4 个月。11 月，重拾升势的股市指数上涨至 110 点，创出牛市新高，也是本轮牛市的高点。这一高点也是道琼斯工业指数的历史新高。从 1914 年 12 月算起，本轮牛市共历时 23 个月。
1917 年	2 月，指数下跌至 87 点。6 月，指数上涨至 99 点，本轮上涨为期 4 个月。接着又出现了一次大的恐慌性下跌。12 月，指数跌至 66 点，此点位也是熊市的最低点。这轮恐慌性下跌历时 13 个月。
1919 年	11 月，市场重拾升势，指数上涨至 119.5 点，并抵达牛市的最高点。本轮牛市从 1917 年 12 月算起，共历时 23 个月。期间发生的次级折返下跌走势没有超过 3 个月的。
1920 年	12 月，指数跌至 66 点，和 1917 年的低点一致。从前一个头部算起历时 13 个月。
1921 年	5 月，指数上涨至 79 点。8 月，下跌至 46 点，这一低点与 1917 年和 1920 年的低点相差不超过 3 个点。这表明市场在此点位附近得到了强有力的支撑，进一步预示着牛市即将来临。从 1919 年的顶部算起，至今历时 21 个月。

1921—1929 年大牛市

从 1921 年 8 月的低点开始，一轮波澜壮阔的大牛市轰轰烈烈地展开了。这也是美国历史上有史以来最大的一次牛市，本轮牛市于 1929 年 9 月抵达最高点。

1923 年　　牛市上半场的高点在 1923 年 3 月抵达，此时的平均指数在 105 点，前后历时 19 个月。之后的次级折返下跌走势使得指数在 10 月下跌至 86 点，历时 7 个月。

1924 年　　2 月，反弹走势的高点在 105 点，随之而来的就是为期 3 个月的回撤走势。5 月份抵达低点 89 点。事实上，1924 年 5 月才是真正的柯立芝牛市（Coolidge Bull Market，美国第 30 任总统，被称作"沉默凯"的凯文·柯立芝，由于其当政期间采用自由主义的经济政策，为当时的经济和股市的繁荣做出了贡献。道琼斯工业指数在 1924—1929 年创造了连续 6 年上涨的大牛市）的开始。

1925 年　　1 月，道琼斯工业平均指数一举突破 120 点—1919 年的最高点，由于突破之时整个股市的成交量巨大，而且所有的股票都很活跃，所以这标志着新的上涨起点已经出现。

1926 年	2 月，指数上涨至 162 点。从最近的一个低点算起历时 21 个月。3 月，剧烈的次级折返回撤走势使得指数跌至 136 点。期间有一些股票在短期内下跌幅度超过 100 点。之后，平均指数在一个狭窄的区间波动达数月之久，接着又重拾升势。自此以后，直至 1929 年之前，再没出现历时超过 2 个月的次级折返回撤走势。
1929 年	1929 年 9 月 3 日，本轮波澜壮阔的大牛市到达了最高点，工业平均指数抵达 386 点，从 1921 年的低点算起上涨了 322 点，从 1923 年的低点算起上涨了 300 点。本轮牛市从 1921 年的低点算起到 1929 年的高点结束，一共历时 97 个月（此处请参照 1861—1869 年股市的走势，读者自然会发现两者之间的巨大差别。有股市记录以来到 1929 年，这次历时 99 个月的牛市是历史上最大的牛市）。从 1923 年的低点到 1929 年的高点历时 71 个月；从 1924 年的低点算起历时 64 个月；从 1926 年 3 月的低点算起历时 42 个月；从最后一个低点，1926 年 10 月的低点算起一共历时 35 个月。

战争前后的这段特殊时间，正是我们可以判定最长的牛市可以持续的时间，以及最长的股市恐慌性下跌所能持续的时间。这次牛市在 1929 年 9 月抵达顶点，这是超长经济周期所展现的最直接的结果。这个经济的循环周期从 1896 年 8 月算起，一共持续了长达 33 年的时间。在这一周期中，每一次牛市均创出新高，这足以表明长期来看总体的经济趋势是向上的。人们会自然而然地认为，史上最长的牛市之后必定紧随着史上最长的熊市。所以，为了确定未来大熊市到底能够持续多久，我们应该回溯到战前的经济繁荣时代，对那时的市场进行仔细研究。

1869—1873 年	从 1869 年到 1873 年的大熊市，我们可以发现，从时间上看一共是 53 个月，期间市场出现过一次为期 9 个月的次级折返反弹走势，一次为期 6 个月的反弹，以及一次为期 2 个月的反弹。
1871—1873 年	从 1871 年 5 月的高点起到 1873 年 11 月的低点为止，此次熊市一共历时 30 个月。
1881—1884 年	此次熊市一共历时 36 个月。
1893—1896 年	1893 年到 1896 年 8 月间的熊市一共历时 43 个月。

综合上面所有的熊市记录，我们可以发现，战前这段时间最长的熊市持续时间不超过 43 个月，而最短的熊市持续时间也有 12 个月，其余的熊市持续时间为 27 个月、30 个月和 34 个月，最极端的熊市下跌持续时间为 36 ~ 43 个月。

因此，基于以往的历史记录，从 1929 年开始的熊市，我们可以从顶部开始观察，在大约第 30 个月到第 36 个月这段期间去寻找底部。如果此处不是底部，应该继续观察第 40 个月和第 43 个月是否形成底部。

1929—1932 年大熊市

超级大熊市第一阶段——1929 年 9 月 3 日至 1929 年 11 月 13 日

道琼斯 30 种工业股票的平均指数从 1929 年 9 月 3 日的 386 点下跌至 1929 年 11 月 13 日的 198 点，在 71 天内累计下跌 188 点。这也是纽约证券交易所自成立以来，在最短时间内的最大跌幅。

次级折返反弹走势在 1930 年的 4 月 17 日抵达顶点，此时的道琼斯工业平均指数的点位是 297 点，合计在 155 天之内上涨 99 点。然而，4 月之后成交量开始明显下降，次级折返反弹走势的高点往往是非常重要的观察点。

超级大熊市第二阶段——1930 年 4 月 17 日至 1930 年 12 月 17 日

从 1930 年 4 月 17 日的高点开始，指数一路下跌到 1930 年 12 月 17 日。道琼斯工业平均指数从 297 点跌至 155 点，一共下跌了 142 点，历时 244 天也即 8 个月。

次级折返反弹走势将股价推至 1931 年 2 月 24 日的高位，平均指数是 196 点，在 69 天内上涨 41 点。周期和点位的变小充分说明市场现在已经处于弱市，而且总体趋势向下。

超级大熊市第三阶段——1931 年 2 月 24 日至 1932 年 1 月 5 日

1931 年 2 月的高点之后，随即展开了一轮下跌。1931 年 4 月，平均指数击穿了 1930 年 12 月的低点。到 1931 年 6 月 2 日，平均指数抵达 120 点，这也是 1919 年 11 月的高点。依照我的法则，旧的顶部会变成新的底部，并且旧的底部也会变成新的顶部。因此，当指数到达旧的顶部时，我们可以期待会出现一次反弹。从 6 月 2 日到 6 月 27 日，平均指数上涨至 157.5 点，上涨了 37.5 点，历时 25 天。这次反弹是熊市之中的快速反弹，同时，反弹历时没有超过一个月也充分说明此时市场处于极度弱市之中。此次反弹之后，指数一路下跌至 1931 年 10 月 5 日，跌至 85.5 点，在 100 天内下跌了 72 点。随后出现了一次快速反弹走势，到 1931 年 11 月 9 日，指数抵达 119 点，此时正好触及 1931 年 6 月 2 日的底部。这里参照我在前文中所讲的理论，旧的底部会成为新的顶部，我们可以期待在旧的底部之下卖出。这是一个为期 35 天、35 个点的反弹。之后，基本下跌走势继续进行，在 1931 年 12 月 17 日，从 1930 年 12 月的低点算起正好一年，平均指数抵达 72 点。接着是一次快速反弹，指数在 12 月 19 日抵达 83 点。然后，指数在 1932 年 1 月 5 日又跌到 70 点，从 1931 年 11 月 9 日的高点算起一共下跌了 49.5 点。这次下跌持续了 57 天，但是如果从 1931 年 6 月 27 日算起正好是 192 天，此时正是超级大熊市第三阶段的终点，因为在 1932 年 1 月 5 日的低点之后，市场反弹到 1932 年的 3 月 9 日，平均指数抵达 89.5 点，在 64 天内上涨了 19.5 点。这么长的时间内只反弹了一点点，充分说明这是一次非常弱的反弹，由此可以看出市场的股票清算活动仍未终结，仍有人在卖出股票。

超级大熊市第四阶段——1932 年 3 月 9 日至 1932 年 7 月 8 日

超级大熊市的第四个同时也是最后一个阶段持续了 4 个月，从 1932 年 3 月 9 日到 1932 年 7 月 8 日，历时 121 天，在非常短的时间内指数下跌了 49 个点。请注意，这同 1931 年 11 月 9 日到 1932 年 1 月 5 日的下跌幅度几乎一样（根据上文，这一阶段指数下跌了 49.5 点）。从 1932 年 3 月 9 日到 1932 年 7 月 8 日，当最终的股票清算发生的时候，最大的反弹只不过是平均指数反弹了 7 个点，而且随着每次反弹力度的逐渐减小，成交量也同步缩小。这种现象意味着股票清算行为即将宣告终结。从 6 月 16 日到 7 月 8 日的最后一次下跌一共下跌了 11 点。至此，超级大熊市结束了，新的上涨趋势即将来临。

1932 年 7 月 8 日这一天，道琼斯工业平均指数创下了历史新低——40.5 点。从 1929 年的高点算起一共下跌了 34 个月，从 1930 年 4 月的高点算起一共下跌了 27 个月。这样一个时间段，也是我们预计这一猛烈的恐慌性下跌结束的时间段。特别是它在 34 个月中引领平均指数下跌了 345 点，将许多股票 33 年来的累计涨幅都一举吞没的惊恐走势，让我们巴不得它早点结束。

我们注意到，1897 年 4 月的最后一个低点也是 40.5 点，并且从此开启了真正的牛市。现在，1932 年 7 月，尽管组成平均指数的成分股已经和以前大不相同，但是平均指数还是抵达了同一点位 40.5 点。

在 1932 年 7 月的底部之前，无论从时间周期上还是从成交量上，都显示出熊市即将结束的迹象。

1932—1934 年的牛市

牛市第一阶段——1932 年 7 月 8 日至 1932 年 9 月 8 日

从 1932 年 7 月 8 日的低点 40.5 点算起，道琼斯三十种工业平均指数在 1932 年 9 月 8 日反弹到了 81 点，此次上涨历时 62 天，共计上涨 40 点。这次快速上涨是空头的回补和多头的强力买进共同作用的结果。然而，当股票在第三个月未能保持上涨的势头并继续走高的时候，这就预示着市场将会下跌。同时，巨大的成交量也标志着这只是牛市开始的第一轮恢复性上涨，接踵而至的次级折返下跌走势必然会出现。

就像 1929 年 11 月到 1930 年 4 月间那轮熊市中出现的次级折返反弹走势一样（持续时间较长，上涨点位不多），此后市场给出了熊市即将结束的信号。本轮熊市出现了次级折返下跌走势，时间上一直持续到

1933 年 2 月 27 日，平均指数抵达 49.5 点为止。从 1932 年 9 月 8 日的最高点算起，指数一共下跌了 31 点，历时 172 天。这一点位比 1932 年的最低点还高出 9 点。此时罗斯福总统宣誓就职，接着银行开始歇业整顿，继而纽约证券交易所也关门歇业一周。重新开市以后成交量非常稀少，这也从另一方面说明，市场中股票清算已基本结束，底部来临的征兆明显。此时，市场中所有的消息都是最坏的消息，这表明我们买入股票的时候到了。因为牛市总是在悲观中启动，在所有的消息都是好消息和一片喧嚣的叫好声中结束。

牛市第二阶段——1933 年 2 月 27 日至 1933 年 7 月 17 日

平均指数从 1933 年 2 月的 49.5 点上涨至 1933 年 7 月 17 日的 110.5 点，一共历时 141 天，上涨 61 点。如果从 1932 年 7 月的低点算起，一共上涨了 12 个月；如果从 1933 年 2 月的低点算起，一共上涨了 5 个月。根据我的规则，要时刻注意观察已经持续了 1 ~ 2 年的趋势是否发生了变化，观察趋势中所有重要的高点和低点。通过观察，我们注意到，市场在 5 月、6 月和 7 月三个月的成交量比 1929 年 3 月的牛市成交量还要大。巨大的成交量往往意味着市场顶部的到来。

接着，市场出现了次级折返下跌走势。平均指数在 1933 年 10 月 21 日抵达底部的 82.5 点，一共历时 96 天，下跌 28 点。下跌期间，成交量一直很小，事实上，平均指数只不过比 1933 年 7 月 21 日的低点低 2 个点，而且并没有跌至 1932 年 9 月 8 日的高点 81 点。这充分说明市场的主要基本趋势仍是向上的。

牛市第三阶段——1933 年 10 月 21 日至 1934 年 2 月 5 日

平均指数从 1933 年 10 月 21 日的低点 82.5 点，上涨到 1935 年 2 月
5 日的 111.5 点，只比 1933 年 7 月 17 日的高点高出一个点。此时，市场
中日均成交量达到 500 万股，标志着市场双重顶走势的成立。这次上涨
历时 107 天，上涨 29 点，从 1932 年 7 月的低点算起历时 19 个月，从
1933 年 10 月的低点算起历时 4 个月。但是，由于此次上涨中指数并未有
效突破 112 点，所以标志着市场顶部的来临。

接着出现的次级折返下跌走势持续到 1934 年 7 月 26 日，平均指数
下跌至 84.5 点，一共历时 171 天，下跌 27 点。这次回撤走势所持续的
时间和 1932 年 9 月 8 日到 1933 年 2 月 27 日的回撤走势一模一样。此
时距 1934 年 2 月的顶部正好是 5 个月。7 月 26 日当天的成交量是 300
万股，平均指数正好跌至比 1933 年 10 月 21 日的低点高出 2 点的位置（正
好是 84.5 点）。如此大的成交量和较高的支撑力度，标志着市场底部的
形成。

牛市第四阶段——1934 年 7 月 26 日至 1935 年 10 月 20 日

从 1934 年 7 月 26 日起到 1935 年 10 月 20 日止，30 种工业平均指
数从 84.5 上涨到 149.5 点，历时将近 16 个月，上涨 65 点。如果从 1932
年 7 月的低点算起是 40 个月；从 1933 年 2 月的低点算起是 33 个月；从
1933 年 10 月的低点算起是 25 个月。

期间，发生了几次较大的次级折返下跌走势。从 1934 年 8 月 25 日
到 1934 年 9 月 17 日，指数下跌了 12 点。从 1935 年 2 月 18 日到 1935 年

3月18日，平均指数在一个月内下跌了12点，而且正是因为回撤走势持续时间并未超过一个月，所以表明市场的基本趋势依旧向上。从1935年3月18日的低点之后，一直到1935年11月20日最终顶部的来临，再也没有出现幅度超过8个点以上的回调走势，持续时间也没有超过2周以上。但是，接着出现的回调一直持续到12月19日，持续时间为一个月，下跌点数为11点。期间，10月和11月两个月的成交量是1亿零4百万股。这表明随着平均指数从1932年的低点算起已经上涨了109点，从1935年3月18日的低点算起已经上涨了53.5点，历时247天的牛市至少已经抵达了一个临时性的顶部。

就在我写这本书的时候，也就是1935年12月31日，根据我的观点，平均值是不会突破150点大关的。这期间如果指数下跌至138点，那么它就会继续下跌至120点，而且很有可能下跌至112点。因为这一点位是1933—1934年的旧顶。但是正如我以前说的那样，跟随个股自身的趋势节奏进行交易非常重要，因为其中不少股票的走势与30种工业平均指数的走势正好相反。

观察未来趋势变化的时间周期

1936年1月是从1932年的低点算起的第42个月；1936年3月是从1933年2月的低点算起的第37个月；1936年7月是从1933年的顶部算起的第36个月，也是从1932年低点算起的第48个月。因此，在观察市场趋势发生变化的时候，1936年的这些月份将显得非常重要。

引发 1929—1932 年大恐慌的原因

股票市场从 1929 年到 1932 年的灾难性暴跌，其主要原因是因为那些高点位买入股票的人们依据自己的期望值而持有股票，并且更重要的是在股票价格持续下跌时，他们继续加仓买入以摊薄成本。这期间他们犯了两个错误：第一，在一开始买入股票时的动机是错误的；第二，在所买的股票价格下跌时逆趋势进行交易，并且买了更多股票以摊薄成本。后者是任何交易者所能做的最糟糕的事了。请时刻谨记，你可以摊薄你的利润，但是永远也不要摊薄亏损。

在股市狂泻 100 点或者更多之后，另外一些人参与进来开始买入股票，他们买入的唯一的理由是，经过了如此大的下跌——和最高点比较起来下跌超过了 100 点，这个幅度不可谓不大——股票价格已经很便宜了。但是，这正是买入股票时最容易犯的、最糟糕的错误。后来，当指数从 1929 年的高点算起下跌了 150、250 和 300 点时，又有一批人参与进来，并依据相同的理由买入股票。从高点算起，股票确实经历了大幅下跌，并且看起来确实非常便宜。人们买入股票时所犯的错误在于，他们忽略了市场的趋势没有发生任何改变。市场下跌的时间周期并未结束，而且市场并没有发出买入信号。

如果这些买家都只是选择等待而不是买入，如果他们知道我在《江恩选股方略》和《江恩股市操盘术》中所描述的交易法则，那么他们一定会在趋势发生变化时才做决定，并依此买卖股票以获取巨额利润。但是令人遗憾的是，他们中的绝大多数人都依据猜测或自己的期望——希望股票能上涨——而买入股票。毫无疑问，他们中的许多人会在反弹来临之时下定决心卖出股票，但是给出的卖单却是股票反弹无论如何也达不到的价格。他们希望出现反弹，但是这一希望并无任何合理依据。同理，他们希望出现反弹或上涨，让他们能够顺利出局的想法也没有任何合理的理由。

希望变成绝望

最终，在 1932 年春季和夏季，当许多股票的价格都跌至一个看起来令人难以置信的低点的时候，它们又继续下跌了 25 ~ 50 点甚至更多。这直接导致所有的买家和投资者都绝望了，他们悲痛欲绝，恐惧代替了希望，他们所看到的都是事情最糟糕的一面，于是他们卖出了所有的股票。当然，其中有一些人是迫于无奈才清仓卖出股票的，因为他们无法提供足够的保证金；另外一些人卖出是因为担心股票会跌得更低，但是正如他们当初因为希望股票上涨而买入的理由一样，这一卖出的理由也是毫无道理的。

大恐慌中谁在买入股票

人们已经禁不住要问这个问题了。那些在低位买入股票的聪明人，正是那些在 1928 年或者 1929 年年初，又或者在 1929 年 9 月股市第一次下跌之时卖出股票的人，而在这三个时间点，市场都给出了明确的趋势向下的信号。这些人一直持有现金，等待情况最糟糕的时候出现，然后以低于股票实际价值很多的价格买入股票。他们赢得了与自己的勇气、知识和耐心相称的巨额回报。因为在所有的一切看起来都处于最糟糕的情况时敢于买入，这需要勇气。正如 1929 年，当市场中所有的股票看起来都前途一片光明，所有的消息都是好消息之时，敢于卖出股票所需要的勇气一样。

股市还会重回 1929 年的高点吗

这是另一个人们问我最多的问题。现在的问题是，人们为什么会问这一问题？因为仍有不少在很高的位置买入股票的人，希望市场重新涨回到 1929 年的高点，这样他们就可以毫发无损地退出。我可以确定无误地声明，道琼斯 30 种工业平均指数再也不会回到 386 点的高位。同时我也很确定，铁路平均指数再也不会回到 1929 年 189 点的高位。而且，绝大多数公共事业股票再也不会重回它们在 1929 年所达到的高点。为什么这样说呢？因为当初这些股票的价格抵达那些极不寻常的高位之时，它们的卖出价格并不是基于其本身的价值或者赚钱效应使然。价格之所以能抵达这样的高位，是因为参与交易的每个人都变成了疯狂的赌徒，而且完全无视股票本身的价值所致。这些人在今后相当长的一段时间内都不会这样买入股票了，因为较高的保证金需求将会限制大量的买入操作。

　　然而，我又希望平均指数和旧时代的领导股能够重回 1929 年之巅，当然也会有一些个股能够突破它们在 1929 年达到的高点。在 1932 年到 1935 年间的牛市中，新的领导股的上涨高度已经远远超过它们在 1929 年达到的高点。我们将在另一个章节中给出穿越 1929 年高点的股票的真实例子，详细展现它们的位置，以及这一走势给出的明确的信号。这些信号明确地表明股票将继续上涨，并给出了明确的买点。当然，也有另外一些股票会在稍晚一些时候突破它们在 1929 年的高点，具体理由我们将在下一章节中详细说明。

专家解读

　　一般读者读到这一章会变得有些不耐烦，这主要是因为江恩在本章中大篇幅地罗列指数点位，并且按图索骥般地给牛市和熊市划分阶段。很多读者都会这样想，如果图形已经走出来了，我也能像你一样指点江山。但是在我看来，读者很可能忽略了一个很重要的东西，即我们能从江恩絮絮叨叨的指数罗列中学到些什么。江恩所划分的这些阶段，分析每一个阶段都有什么样的显著特征，有助于我们在 A 股市场中寻找到相对应的阶段，从而认清自己所处的市场位置。虽然很多时候是自己手中持有的仓位在作怪，但是客观的历史现象和投资大众在股市特定阶段的特定表现，都是有迹可循的。当然，江恩从各大指数中所汲取的，除了上涨或者下跌的点数，以及牛熊市的具体阶段划分之外，他似乎更关心每一阶段所经历的时间，以及整体牛熊市完整走完所需的时间。他希望从这些时间中去推测下一次市场可能见底或者见顶的时间。其依据仅仅是历史会重演。到底有没有一定的科学依据，有没有特定的时间轮概念，有没有确切的价格点位呢？很多人都相信有。译者本人的观点依然是，真理不可能过于复杂。交易者一生最多经历两三个牛熊市的轮回，历史的一个偶然例外就能让我们一生一无所获，因此译者认为过于迷信时间并不可取。但是到了某一指定的时间，认真关注一下趋势是否发生了相应的变化，肯定是十分必要的。

如果说本章罗列的数据有什么值得借鉴的地方的话，我认为，大致的时间节点和历史上已经存在的顶部或底部区域，是我们观察指数或个股趋势变化的重要因素。把握了这两点，也就基本上把握了江恩在本章中所要表达的主要思想。

江恩在分析引发1929—1932年大恐慌的原因时，提出了两点一般投资者非常容易犯的错误，非常具有代表意义。因为对于右侧交易者而言——请原谅我把江恩归结为这一类，因为文中多次表现出他是典型的顺势而为交易者，从不为亏损的头寸加仓是交易的基本原则；而对于左侧交易者而言，这又是正确的做法。但是，无论是哪一种交易方法，如果一开始交易的动机是错误的话，那么就无法进行后续的操作，即便获利也是侥幸。交易者不应该将运气当本领。

市场还能重回1929年的高点吗？江恩很武断地说不能。从后来的事实中我们可以得出这样的结论：每个人都有局限性，都只是在有限的时间段内正确。

第四章　个股 VS 平均指数

多年以来，道琼斯工业平均指数、铁路平均指数以及公共事业平均指数一直都是人们判断市场趋势的可靠风向标。就在几年前，当时工业平均指数的成分股只有 12 只，但它们依然代表了工业股票的整体趋势。当铁路股票成为市场的领导者并开始活跃时，20 只铁路股票的平均指数是一个很好的趋势指示器。但是现在，由于在纽约证券交易所挂牌交易的股票多达 1200 只，20 只铁路股票的平均指数和 30 只工业股票的平均指数已不再具有代表性，或者说它们已经不能代表整个市场的平均趋势了。

遍布全国的各种各样的工业股票被不断变化的经济环境所影响，同时也被变化的国际环境所左右。某一家汽车公司可能正在经历繁荣期，大赚其钱，而另一家则可能正处在破产清算的边缘。这种极度分化的走势表现在股票市场中就是，由于各种原因导致在一些股票上涨的同时另一些股票却在下跌。这种变化从 1928 年至 1929 年间开始出现，而到了 1932 年 7 月市场创下新低之后，这种趋势更加明显。因此，为了能在市场中赚到钱，交易者一定要在具体的个股上学习和运用交易规则，而不是依据平均指数的走势进行交易。

现在的情况是，已经不存在普涨性质的牛市了。在这种牛市中，所有的股票都同时上涨。如今，我们面临的是一种混合趋势，即某些股票的主要趋势是上涨的，同时另一些股票的主要趋势是下跌的。绝大多数股票在 1932 年 7 月触底，随后出现回升态势。道琼斯 30 种工业股票的平均指数也在 1932 年 7 月形成底部，20 种铁路股票的平均指数则在 1932 年 6 月至 7 月间见底。1935 年，当道琼斯 30 种工业股票的平均指数上涨了 80 点之时，公共事业平均指数却创下了新低。当然，这种指数不同步的现象是由政府管控的介入引起的。

通过学习具体的交易规则并将其运用到个股的研判中，你会发现，当其他股票上涨的时候，公共事业类股票却呈现出下跌的走势。通过图表研究美国电话电报公司（American Telephone & Telegraph，简称 AT&T）的股票在 1935 年的走势，你会发现它的走势要优于其他公共事业类股票，这表明该股处于强势走势之中。该股走强的一个重要原因就是，在整个大萧条期间，AT&T 从来没有中断过支付每年每股 9 美元的红利，而同时期的其他一些公共事业股票却中断了它们的红利支付；另一个原因是，在 1929 年之前的繁荣时期，市场到达顶点之前，公共事业类股票普遍被注了水。它们高调宣布股票采用拆分送股的方式进行分红，导致股票被严重稀释，拆分成无数个细股。其结果就是公共事业类股票成为整个市场中超买最严重的板块，之后的下跌当然也就不足为奇了。

你不可能依据一个板块的平均指数走势来发掘并买进该板块中最好的股票。因为在牛市中，同一板块的一些个股每年都会创出新高，而其他股票则会创出新低，或者进入破产清算程序，甚至退市。这种天壤之别在 1932 年的航空板块股票中表现得尤为突出。由于航空板块平均指数整体呈现上涨的趋势，但如果你仅仅因为柯蒂斯莱特 A（Curtiss Wright "A"）在上一轮上涨行情中是航空板块的领头羊而选择买入这只股票，那你就错了。1932 年 8 月，柯蒂斯莱特 A 创下新低，收于每股 1.5 美元；直到 1934 年 4 月，该股创下新高，收于每股 12 美元。为了更有参照性，我们将它与同属一个板块的道格拉斯飞机公司（Douglas Aircraft）的股票进行对比。1932 年，道格拉斯飞机公司股价的最低点是每股 5 美元；1934 年 2 月，股价飙升至每股 28.5 美元；1934 年 9 月，股价回调至每股 14.5 美元。从最高点算起，股价下跌了将近 50%。到了 1935 年 7 月，当柯蒂斯莱特 A 的股价仍比 1934 年的高点低 4 个点的时候，道格拉斯飞机公司的股价已经突破 1934 年的最高点，并创下历史新高。这足以表明后者比前者的走势更加强劲，买后者比买前者要好得多。即使你在 28.5 美元的高位买入，其最终结局也比买入柯蒂斯莱特 A 要好。1935 年 12 月，道格拉斯飞机公司的股价一举突破了每股 45.5 美元——该股于 1929 年创下的历史最高点，并且最终飙升至每股 58 美元才见顶。与此同时，柯蒂斯莱特 A 仅仅上涨到每股 12.25 美元。自此以后，柯蒂斯莱特 A 再也没有展现出比道格拉斯飞机公司，或者其他航空股票更活跃或者更强劲的走势。回顾整个走势，道格拉斯飞机公司的股票无论是顶部还是底部都在不断抬高，而柯蒂斯莱特 A 却一直在一个狭窄的区间内波动。

综上所述，道格拉斯飞机公司的股票才是航空板块中值得买入的股票。这个例子说明，为了发现某一板块中哪只个股值得投资，交易者必须要认真研究该板块中每一只个股的趋势，而不是只看板块的平均指数走势。

不合时宜的道氏理论

为了取得成功，你必须紧跟时代潮流。所以，当一些旧的理论和思想变得不合时宜之时，你必须摒弃它们，转而紧随新的交易规则并寻找新的股票，这样你才能在股票市场中赚到钱。

近些年来，道氏理论风靡全国。人们开始相信它，认为它具有非凡的价值并且绝对可靠。然而实际上，现在这种理论对交易者已经没有指导意义了。因为在纽约证券交易所交易的股票如此之多，以至于道氏理论所采用的 30 只或 20 只股票采样的平均指数已经不能代表市场的整体趋势了。更重要的是，你并不能去买卖平均指数。你必须紧紧跟随个股的趋势才能赚到钱。

一直到 1916 年以前，道氏理论都非常贴合股市的实际走势，但随后爆发的第一次世界大战改变了一切。战争结束之后，美国完成了从一个农业国家到工业国家的转变。1916 年，道琼斯 30 种工业平均指数创出新高——这一点位比 1906 年的最高点高出 7 个点，而此时铁路平均指数却处于 1906 年的历史高点之下 24 点的位置。依照道氏理论，如果你此时等待铁路平均指数对工业平均指数的上涨趋势做出确认，肯定会被趋势无情地抛弃。你会错失良机，并且很有可能会赔钱。

1917 年，政府接管了铁路公司。同年 12 月，道琼斯 20 种铁路平均指数下跌至 69 点，工业平均指数也在同一时期跌至 66 点的低位。这是铁路平均指数第一次重回 1897 年的低点，而同比工业平均指数却比 1907 年股市恐慌时的低点还要高出 13 个点。

到了 1918 年和 1919 年，铁路平均指数没能跟上工业平均指数的走势，依据道氏理论，它已经不再是一个合格的股市风向标，也不能再作为认证工业平均指数走势的依据。1919 年 7 月，工业平均指数创下历史新高，而与此同时，铁路平均指数却创下历史新低。1919 年 11 月，工业平均指数到达 119.5 点的新高点。就在同一个月内，铁路平均指数跌至当年的最低点，仅比 1907 年的最低点高出 3 点。很明显，铁路平均指数的趋势与工业平均指数的趋势完全相反，道氏理论已经不起作用了。

1921 年 6 月，铁路平均指数下跌至 64 点。1921 年 8 月，工业平均指数也抵达同一低点——64 点。但此时，后者仅比其在 1907 年的低点低 2 个点。之后，工业股票板块出现了一波牛市行情，而与此同时，铁路股票的表现却很迟钝。

1925 年 1 月，工业平均指数突破 120 点，这一点位曾是 1919 年创出的历史新高。而此时，铁路平均指数却一直盘旋在比 1906 年的高点低 38 点的位置，这一点位比 1916 年的高点还要低 12 个点。此时，如果你非要等待铁路平均指数创出新高，从而印证工业平均指数的上升走势之后，再买入工业股票，你将会痛失巨大的赚钱机会，并且你不得不一直等到 1927 年 7 月，因为直到此时，铁路平均指数才突破了 1906 年的历史高位。而同一时间，工业平均指数已经比 1909 年的高点高出了 63 点，比 1906 年的高点高出了 80 点。

1929 年 9 月 3 日，工业平均指数抵达它的历史最高点 386 点，同时，铁路平均指数也抵达 189 点的高位。在经历了 1929 年 11 月的恐慌性暴跌之后，工业平均指数反弹了 100 点，而铁路平均指数仅仅反弹了 29 点。1930 年 4 月之后，铁路平均指数的走势和工业平均指数相比越来越弱，反弹的幅度也更小。

1931 年 11 月，铁路平均指数击穿 42 点，此点位是于 1896 年 8 月形成的历史低点。到了 1932 年 6 月，铁路平均指数跌至 13.125 点。此时，工业平均指数也下跌至 40.5 点，这一点位比 1896 年的低点还高出 12 个点。相比之下，铁路平均指数则位于 1896 年低点之下 29 点处，优劣分明。

1933 年 7 月，工业平均指数反弹至 110 点，铁路平均指数反弹至 58 点。

1933 年 10 月，工业平均指数回调到 82.5 点，铁路平均指数跌至 33 点。此后，工业平均指数从未跌破 1933 年的低点，一路向上直至 1935 年 11 月抵达 149.5 点。

1935 年 3 月，铁路平均指数在 27 点交易，而工业平均指数却在 96 点。后者的位置比 1933 年 10 月的低点还高出 13 个点，而前者却低于相应的低点 6 个点。这一走势又一次有力地证明了道氏理论是不可靠的。

从 1935 年 3 月到 1935 年 11 月，工业平均指数一共上涨了 53.5 点，而铁路平均指数只上涨了 12 点。如果交易时你一直在等待铁路平均指数创新高并对趋势确认之后才买入工业股票，那么你将错失 50~70 个点的利润空间。

有大量的实例可以证明，道氏理论确实已经过时了，而且你也不能指望它在将来能够忽然变得有效起来。

与时俱进

想要在变化的市场环境中赚到钱，你必须认真研究个股并且紧随它的趋势，而不要让平均指数愚弄你。当一只股票发出趋势改变的信号时，你要跟随它，顺势交易，而不要去管同一板块中其他股票的走势，同时也要忽略平均指数的走势。

数年前，公共马车（Stage Coach）类股票涨势不错，买进就可以赚钱。但是后来，公共马车类股票公司纷纷破产，股票也纷纷退市。随后，运河类股票开始上涨，也属于一买进就赚钱的类型。后来，随着各种交通工具的发展，导致运河运输的业务量大大减少，倘若此时再买进就不那么明智了。汽车的出现使得铁路运输量大幅下降；飞机运输的出现使得公路运输的业务再次出现分流。如果用发展的眼光来看，航空运输业将来一定会替代路面交通运输，这是可以预见的未来。航空运输会成为将来的主流运输业，这种预测就跟几年前我们购买汽车股代替铁路股一样。现在，我们应将航空运输类股票作为未来投资的风向标，并且付诸行动，在实际交易中买入航空类股票，而不是其他运输业的股票。

交易者应该与时俱进，而不要墨守成规、对旧的理念和思想恋恋不舍。只有认真学习紧跟个股的趋势进行交易，才能在股市中获利。

专家解读

重个股轻大盘，还是看大盘做个股，一直以来人们据此纷争不休。

前者认为，我炒作的是个股，与大盘无关；后者认为，不看大盘做个股就好比不看天气出远门一样，毫无把握。再者，如果大盘暴跌，覆巢之下安有完卵？但是，译者同时也看到，越来越多的价值投资者，或者自认为是价值投资者的交易者们言必称寻找"穿越牛熊"的个股，这似乎就是在支持前者。然而，无论是个股还是大盘，"不活跃的不炒作"这一原则，是江恩在本章最重要的观点。事实上，同一板块也会有两极分化的走势，这一点已经被A股市场越来越多的事实所证明。译者曾经看过某位民间股神的操作记录单，总结下来，发现他也是深谙"不活跃的不炒作"这一铁律的。一般情况下，个股如果没有从底部活跃地上涨了30%~50%，不参与交易。甚至还有更极端的，股价从底部翻了一倍才会关注。这些交易者总是在最活跃的股票上驰骋。反观自己手中的股票，每天只有一两分、一两角的波动，实在羞于启齿。就算江恩此书无任何亮点，但是对交易者而言，"不活跃的不炒作"这一交易判定原则也是极其受用的。

至于本章后半段对道氏理论的批判，所举事例属实。适逢译者刚译过《股市晴雨表》一书，书中汉密尔顿对江恩在本书中提到的那段平均指数例外的岁月专门进行了阐述，这里不做赘述。相信喜欢江恩和喜欢查尔斯·道的人一样，不会因为江恩在书中批评了道氏理论，就转而对道有看法。反之亦然。聪明的投资者应该汲取每一位投资大师投资理论中的亮点，并借以点亮自己的人生。有兴趣的读者可以参阅《股市晴雨表》一书中的第十六章 "例外反正规律"。客观地讲，说道氏理论早已不合时宜显然并没有经过深思熟虑，但是本段文字之后江恩的个人总结确是正确的——"与时俱进，不墨守成规"，这也算是从错误的事例出发得出了正确的结论吧。

第五章　探测个股趋势的新法则

我在《江恩股市操盘术》和《江恩选股方略》中所给出的那些交易原则都是非常好的。我敢说，这些交易原则在未来 100 年内依旧适用。但是市场环境毕竟还是发生了一些变化，具体表现在股票上涨的速度会放缓，上涨的时间会延长，这些过程都伴随着成交量的萎缩。这一点可以通过对比美国钢铁公司（U.S.Steel）和通用汽车（General Motors）现在的成交量和以前的成交量得出。前文中我讲过，本书中我所阐述的交易规则都是以供求关系为根本依据的，这一规则未来不会发生改变，是市场的基本规则。我在书中所阐述的交易原则都是经过实践检验的，而且被事实证明是完全有效和可靠的。一只股票上涨的动力无论是来自公众的买盘，还是共同基金或者是投资者的买盘，都是由供求关系决定股票的最终价格。即，买方力量大于卖方，股价就会上涨，反之则会下跌。

本书中我给出的新的交易原则，如果和我前两本书中提到的交易原则结合起来使用，效果会更佳，更有助于你在交易个股时取得成功。

正如一个好的侦探可以从某一类犯罪分子留下的线索中寻找到这类

犯罪分子作案的习惯一样，华尔街上的侦探也能从一只股票的走势中寻找到这只股票身后的"决策性力量"，或者是该股票的主力下一步的操作意图的相关线索。一只股票的运动，不管是上涨还是下跌，都是由想通过其运动赚钱的人决定的。他们买入或者卖空股票，希望能在交易平仓时获利。一个人可以通过自己的思想推测得到的东西，另一个人也能，因为毕竟人类的本性是永远不会改变的。通过对个股的认真研究，并且遵循我所给出的正确的交易原则，就可以探测并确定股票的趋势，这样你就能够通过股票交易赚到巨额财富。

最好的趋势探测方法

多年的经验让我确信，通过研究股票的走势图就能探测出股票的运行趋势。

月线走势图：最好的探测股票主要趋势的图表，就是月线走势图的高低点图。

周线走势图：周线的高低点图也是能探测股票真实趋势的指标性工具，它的作用仅次于月线的高低点图。

日线走势图：当市场走势非常活跃，无论上涨或者下跌都非常凌厉而迅速，同时还伴随着巨大的成交量，此时日线的高低点走势图是探测股票趋势最好的指标。

如果要探测一只股票是否处于强势运行区域，而且即将上涨，此时采用月线图表进行研究比较好。如果该股具有良好的支撑，并且买盘充足，那么该股的筹码会被逐渐吸纳。接着，随着股票价格的上涨，筹码变得越来越稀缺，此时需求方就增加了，这将会促使股票价格走高，并且在更高的位置上获得支撑，底部和顶部也将不断抬高。

当一只股票正准备向下发生变盘时，它将会出现顶部和底部逐步走低的走势。然后，当它跌至最后一次上涨的起涨点之下时，就标志着该股的基本趋势开始反身向下。

什么样的股票适合交易

适合交易的股票应具备以下三个特点：第一，走势活跃；第二，有明确的趋势；第三，符合交易原则。市场中总有一些股票的走势怪异而且并不符合我们的交易原则，这种股票我们可以完全置之不理。另外还有一类股票，它们长时期在一个狭窄的区间内上下波动，这样的股票也不适合参与交易。我们要耐心地等待它们伴随着巨大的成交量，突破这一区间的上轨或者下轨，交投变得十分活跃时，才可以考虑参与进行交易。

买入点和卖出点

你应该买入那些走势为头尖底、双重底或三重底的股票，在底部附近买入，并且将停损单设置在距离买入价不超过 3 个点的位置。在头尖底附近买进风险较大，最好是该股出现一轮次级折返下跌走势，但并不是立即买入。你应该等待和观望，直至该股在某一价位维持 2 ～ 3 周之时，然后再考虑买进。此时你还应该设置停损单，具体点位应在最近几周价格最低点下方 3 个点处。如果是非常活跃的市场，那么这个条件可以稍微放宽，一只股票的价格在低点维持 2 ~ 3 天也可以买入，同样停损单设置在 3 日内最低点下方 3 个点处。如果一只股票在同一交易价附近徘徊几周、几个月、一年甚至更长时间时，此时就会形成双重底，这正是一个买入点。如果它第三次抵达同一价位附近，这种走势被称作三重底。

当一只股票创出新高，或者突破前一个高点 3 个点时，如果接下来它涨得更高，它肯定不会回调至前一高点之下 3 个点的位置。这时你就可以在该股轻微回调 1 ~ 3 个点时买入，并在前期顶部之下 3 个点的位置设置停损单。

现在我们总结一下，当一轮牛市行情展开以后，请记住在次级折返下跌走势中买入，并同时设置一个在前期支持位下 3 个点的停损单。

当一只股票突破了前一年的高点 3 个点时，此时出现任何小的回调走势即是买入良机。举例如下。

道格拉斯飞机公司：1932 年，该股的最高价为每股 18.625 美元，1933 年的最高点是 18.25 美元。1934 年，道格拉斯飞机公司的股票价格突破双重顶之后，按照我的交易原则，此时应该是我们买入的良机（如图 5-1 所示）。随后，这只股票在 1934 年上涨至 28.5 美元的高位，可以说获利颇丰。1935 年，该股突破 28.5 美元的高位之后，就再也没有回撤到低于 26.5 美元的位置。因此，根据我的交易原则，当股价突破 28.5 美元后，一旦回落到 28.5 美元以下就买入，并在 25.5 美元处设置停损单。如此交易可保安全无虞。图中还有一个细节需要注意，即道格拉斯飞机公司的股票突破 28.5 美元的高位之后，价格出现连续的回调走势从未超过 3 天，事实上，回调最多持续 2 天，就恢复了上涨趋势。接着，当股价突破 1929 年的最高点 45.5 美元之后，按照交易原则我们可以再次买入该股。只要该股处于上升趋势，就可以不断地买入。原则就是：设好止损，想做就做。

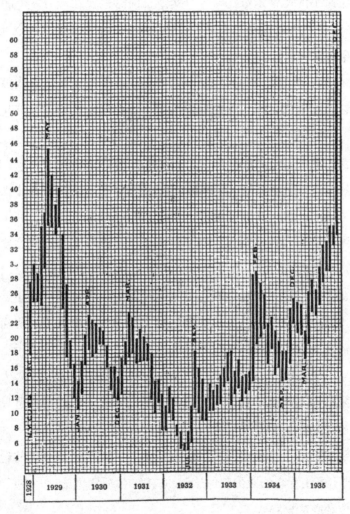

图 5-1　道格拉斯飞机公司的月线高低点示意图（1928—1935 年）

在卖空股票时采用的交易方法与上述方法正好相反。在股价出现头尖顶、双重顶或三重顶走势之时卖空股票。当然，此时你也要在高出顶部不超过 3 个点的位置设置停损单，或者你也可以等到那只股票表现出明显的派发特征，在它击穿最后一个重要的底部 3 个点之后，接着等待它出现任何小的反弹走势之时开仓卖空，同时也要在最后一个底部之上 3 个点的位置设置停损单。当某只股票击穿前一年的最低点 3 个点之时，正是开仓卖空的良机。

在熊市之中，如果一只股票下跌并击穿前期底部 3 个点或更多，之后如果它继续下跌，那么它的反弹高点不可能达到比前期低点高 3 个点的位置。举例如下。

联合水果（United Fruit）：这只股票在 1935 年 5 月的时候，最低点是每股 84.875 美元。7 月，反弹至 90.75 美元。在以后的走势中，该股击穿前一个底部，跌至低于前期底部 3 点也就是 81 美元附近，在接下来出现的反弹走势中，该股再也没有到达高于前期低点 3 个点的位置。然后该股一路下跌至 1935 年 10 月的 60.5 美元（如图 5-2 所示）。

现在我们将四条交易原则总结如下：首先，无论你买进还是卖空，都应该遵照一定的原则，并且还要注意，一定要在市场给出明确的趋势之后才进场交易；其次，一定要尽可能耐心地等待买进或者卖空的最确定的信号出现。无论何时都不要失去耐心，不要一时冲动进场交易；再次，记住，永远不要因为一只股票的价格太高而不敢买入，前提是只要这只股票的趋势是上涨的，其实你只要设置好停损单即可随时买入，坦然接受一旦趋势逆转后你所应承担的亏损；最后，如果一只股票的趋势是下跌的，请不要注意它的股价曾经达到的高度，你所要做的就是在任何时间、任何价位卖空这只股票。

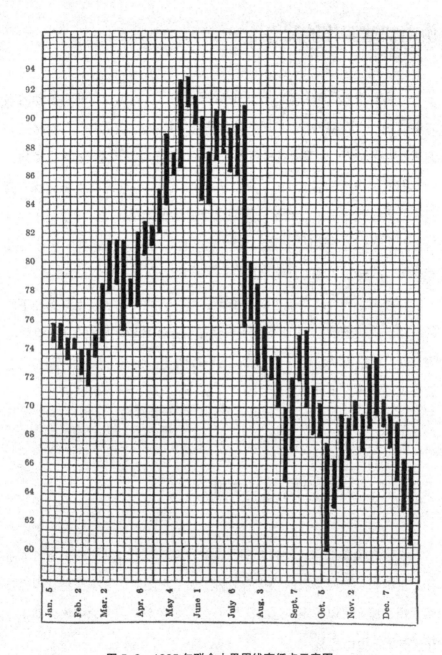

图 5-2　1935 年联合水果周线高低点示意图

价格快速变化的起爆点

一只股票的价格越高，股票价格的变化也就越迅速，而且波动的幅度也越大。一般情况下，当股票的价格高于每股 50 美元时，其价格变动的速度也会加快；当股票价格高于每股 100 美元时，其变化速度会更快；当它们的价格抵达每股 150 ～ 200 美元时，不但变化速度极快而且震荡幅度巨大。关于这一点经验，你可以通过复盘，对任何一只活跃过并且有过巨大涨幅的股票仔细研究，去观察该股涨到 50 美元、100 美元、150 美元和 200 美元之后的表现。

这种现象同样适用于下跌的情况：当一只股票从最高点开始往下跌的时候，最初的 50 ～ 100 点的下跌是非常迅速的；当股价低于每股 100 美元后，价格下跌的速度会放缓；当价格低于每股 50 美元后，其速度会变得更慢，并且反弹的幅度也很小。这种情况出现在个股长期的巨幅下跌之后。跌幅越大，反弹的力度越小。

买进或者卖空之后的持有期

当你进场交易一只股票之后，如果当天就亏损，那么这很有可能是你看走了眼，逆向该股的趋势而交易。如果在随后的三个交易日内你仍然亏损，那么可以肯定，这次交易十有八九是个错误，你应该立即平仓接受亏损并退出交易。

　　反之，当你进场交易一只股票之后，如果当天就出现了盈利，那么你很有可能看对了该股的趋势。如果在进场交易后的第三个交易日闭市后仍然盈利，那么此时几乎可以肯定你的判断是正确的，你已经抓住了该股的主要趋势。

　　因此，交易者应该具备的基本素质是：一旦发现自己错了，立即止损；反之，如果交易判断正确，则耐心持有。

在 1929—1939 年间满仓买进股票

　　我曾经在自己前几本书中写过，永远不要满仓买入股票，因为一旦趋势与你交易的方向相反，你就会束手无策。我曾在书中唯一一次讲过一种安全的满仓交易，即当一只股票的价格在 10 美元每股或者更低价位运行时，可以考虑满仓交易。在交易中相当多的人有这样一个观念：他们认为既然已经买入股票，就绝对不会出现亏损，这正是他们的错误所在！当你满仓买入一只股票时，你一点也不担心，因为你认为自己不可能接到催缴保证金的电话。但是你也有可能忽略这样一个事实，你很有可能会亏掉你买入股票的所有的钱——因为这只股票可能跌至一文不值的价位，甚至被破产清算。因此，当你进行交易时，一旦股票的走势与你的期望相反，你一定要事先做好此种情况的应对措施。具体方法是，你可以设置停损单来控制交易风险。一味的死抱着不放并心存幻想期望股票上涨的做法，迄今为止从未有过任何助益，而且以后也不会。一旦你发现自己犯了错误，请立即接受较小的亏损平仓出局。而当市场朝着对你有利的方向运行时，请耐心持有以获取更大的利润。不要认为自己对某只股票非常熟悉，并且该股在过去的好几次牛市中都处于领涨地位，就认为它将来也一定会上涨。因为旧的领导股会消退，新的领导股又出来替代它们的位置。正所谓"江山代有才人出，一代新人换旧人"。因此，在市场中你一定要与时俱进，紧紧跟随并买进或卖空新的领导股，以获取更大的利润。

关注上一次行情的顶部和底部

当一只股票的价格跌至上一次熊市的底部之下 3 个点的位置时，你就可以接着在前一次熊市的底部附近寻找支撑。

例如，当市场在 1929 年开始下跌的时候，交易者应该关注上一次行情的底部，也就是 1923—1924 年的熊市底部。如果那一次底部被击穿，那么就应该继续向前追溯 1921 年熊市行情的底部，这里是伟大的牛市开始的地方。如果连这个底部也被有效击穿，即低于最低点 3 个点，那么交易者就应该关注 1917 年熊市的低点，接着是 1914 年的低点，甚至要追溯到 1896 年的低点。

同理，在个股的走势中，你要参照具体每只个股前一个最低点的位置。当一只股票跌至上一个最低点，并维持了几个星期或几个月，并且在这过程中始终没有击穿前期底部 3 个点以下。据此我们就可以判定，这只股票的价格在此处获得了强支撑。此时就是买入时机了，但是切记要在前期低点之下 3 点的位置设置停损单。

工业平均指数：在 1932 年，工业平均指数跌破 85 点，也就是 1931 年的最低点之后，下一个具有重要意义的底部就是 1921 年的最低点 64 点。在 1932 年平均指数下跌至 70 点，并在此横盘了一段时间，但是最终还是选择向下并击穿了 64 点。接着你就要着手开始寻找下一个低点，这是你发现 1907 年和 1914 年的低点，平均指数在这两年的最低点都是 53 点。当工业平均指数在 1932 年下跌并击穿 53 点之时，市场明显感受到了巨大的恐慌，因为这一点位正好是过去两次大恐慌跌至的最低点。但是抛开所有的主观感情因素，我们所能做的也只能是继续寻找下一个低点。1903 年的低点 43 点，这是一次大牛市启动的点位。1932 年 7 月的时候，道琼斯工业平均指数跌至 40.5 点，但是并没有抵达 1903 年最低点之下 3 个点的位置。这是股市获得支持的信号。此时的市场表现为，市场交投清淡，平均指数窄幅波动，成交量萎缩至 1929 年以来的最低水平。但是市场也开始积蓄上涨的能量，并且趋势开始从这一点再一次转头向上。

有时候在极端的熊市之中，例如 1929—1932 年的熊市，当一只股票下跌至它 20 年或者 30 年前形成的最低点之时，接下来出现了震荡走势，并没有继续跌破前期的最低点之下 3 点的位置。这种迹象就充分说明该股在此点位获得了支撑，此时可以考虑在支持价附近买进，并且在前期低点之下 3 个点的地方设置停损单。

美国钢铁公司就是一个典型的例子。在 1932 年 6 月，其股价跌至 21.25 美元每股，这个点位比 1907 年股市恐慌性暴跌时的最低点低 0.625

美元。这个点位就是买入点，但是你不能忘了要在 19 美元设置停损单。随后，股价从这一点位开始展开了反弹走势。但是美国钢铁公司的股票并没有像其他股票一样涨得那么多，这主要是因为它在这期间经过了拆分，将总股本从原来的 500 万股扩充到了 800 万股。

当然，观察过去行情中的顶部位置对我们来说同样重要。当股价突破过去的高点 3 个点时，这一高点距离现在时间越久，突破的意义就越重大。举例如下。

西屋电气（Westinghouse Electric）公司的股票在 1918 年创下了 38.5 美元的新低。它在 1919 年的最低点是 40.5 美元每股，1921 年的最低点是每股 38.875 美元。三年之内该股的最低价基本维持在同一水平线上。这一现象表明 38 ~ 40 美元这个点位具有强烈的支撑作用。而且，只要不击穿就能说明，此点位正在积蓄上涨的能量，使价格涨得更高。接下来它展开了一轮上涨行情，1925 年的时候该股一举突破了 1915 年的最高点 74.875 美元，并且抵达每股 84 美元的高位。超过前高 3 个点，说明它还将继续上涨。下一个我们关注的点位就是 1902 年的最高点 116.5 美元，这也是该股历史上的最高价。如果股价突破这一价位，那就表明它还会抵达更高的价格。根据我们所讲的交易原则，你可以一直采用低吸高抛的方法进行交易。后来该股最终抵达每股 292.625 美元的高位。

我们将此法推而广之，用来研判单只个股的趋势。如果某只股票的价格突破了上一年，或者前些年行情的最高价超出 3 个点以上，这就标志着这只股票会涨到更高的价位。

在熊市行情中，你应该主要观察以前行情的最高点，当然，上一次行情的底部也同样重要。例如一轮终结于 1916 年 11 月的牛市，道琼斯工业平均指数抵达 110 点的新高，紧接着就出现一轮迅猛的下跌趋势。1919 年平均指数再次创下新高，距离 120 点仅一步之遥。接着又出现了恐慌性下跌，在 1921 年指数抵达 64 点。当牛市最终在 1929 年结束之际，平均指数在 1931 年 10 月再次出现恐慌性下跌，击穿了 1919 年平均指数的最高点 120 点，并击穿比该点还低 3 点的位置。这预示着指数必将继续下跌。下跌的第一目标将瞄准下一个高点 110 点。当平均指数进一步击穿这一点位以下 3 个点的位置后，指数在 1931 年 10 月抵达 85 点的低位。随后，平均指数在 1931 年 11 月 9 日反弹至 119 点，也就是历史高点 120 点附近。当平均指数最终并未突破这一高点之时，这就表明股市仍处于熊市之中，股市价格还将继续走低。

如何捕捉熊市早期的领跌股

那些上涨迅速，先于其他股票抵达顶部并且完成派发任务的股票，很有可能会成为熊市中的领跌股。

当某只股票先于其他股票，击穿前一年的底部，或者前几个月的低点，这表明，它们也将在下跌中处于领先地位。

在每一个熊市中，总有一些早期的领跌股，或者领先下跌并提前其他股票见底的股票。举例如下。

克莱斯勒汽车：1926 年 3 月，克莱斯勒汽车公司的股票售价每股 28.5 美元。在随后出现的大牛市中，克莱斯勒公司的股票在 1928 年 10

月上涨到最高点，140.5 美元每股。这一高点早于道琼斯工业平均指数和市场中大多数股票抵达最高点的时间 11 个月，后者抵达最高点的具体时间是 1929 年 9 月。当其他股票还处于上涨途中之际，你却应该卖空克莱斯勒汽车的股票了。同时期的许多汽车股一直到 1929 年 8 月和 9 月间才抵达牛市的最高点。

认真研究在 1929 年其他股票都不断上涨之时，克莱斯勒汽车股票的表现以及价格变化，对我们来说意义非凡。现在我们来看月线图和周线图。在 1929 年 1 月，克莱斯勒汽车股票最高价是每股 135 美元。从此后该股的趋势开始转头向下，到 1929 年 5 月它已经跌至每股 66 美元，从 1928 年的最高点算起下跌了 74.5 点。1929 年 8 月，该股反弹至 79 美元，但是此价格仍比 1928 年 10 月的最高点低 61 美元。接着，当 10 月和 11 月的市场崩盘开始之时，早已疲态尽显的克莱斯勒汽车股票走势更加疲软，并于 1929 年 11 月跌至 26 美元的低点。1930 年 4 月，股价反弹至 43 美元。没能出现强势反弹就足以说明该股仍处于弱势运行之中。从此该股走上了漫漫熊途，并最终在 1932 年 6 月抵达 5 美元每股才止步。随后股价在这一点位附近盘桓了三个月，这一点位比 1928 年 10 月的高点低 135 美元。

如果一只股票，在牛市的第一年或者第二年中上涨迅猛，并抵达最高点。在随后的两年内该股并未能继续上涨突破前两年在牛市中形成的最高点，那么这就足以表明该股已经走弱，并且当它再次显现出下跌的趋势之时，交易者可以着手卖空交易。你可以通过观察该股的周线和月线图来判断该股的大趋势。举例如下。

玉米制品（Corn Products）：玉米制品曾经是 1933 年的早期领跌股。在 1933 年的 8 月至 9 月间，玉米制品一路上涨并最终抵达每股 90.625 美元。随后在 1934 年的 8 月，该股跌至 56 美元；然后出现了吸筹形成的底部，趋势再次转头向上。但是当 1935 年 3 月再次上涨之时，它上涨的速度比起 1933 年要缓慢得多。1935 年 7 月该股抵达 78.375 美元的高位。通过研究该股的周线和月线图，我们可以得出结论，该股已经抵达顶部。具体参照图 5-3 和图 5-4 这两张玉米制品的周线走势图。图中很明显看到，玉米制品再也无法上涨至 1933 年 8 月和 9 月时的最高点，并且在与最高点相差 12 美元的地方止步不前。这说明该股的卖方力量强于买方。接着在 1935 年 10 月，该股跌至 60 美元，从 1935 年 7 月的高点算起是 18 美元。而颇有喜剧意味的是，1935 年的 8、9 和 10 月间，平均指数和其他个股都出现了普遍的上涨。这一分析足以证明我们的交易原则。你可以依据我给出的交易原则卖空玉米制品股票以通过做空获利，同时也可以买进西屋电气和其他股票利用做多获利。真可谓左右逢源，上下其手。这一切都源于对交易原则的深刻理解和坚持。

请注意玉米制品公司的股票在 1935 年 7 月 13 日为止的那一周内，出现了窄幅波动走势。接着在 7 月 20 日为止的那一周内，伴随着巨大的成交链，股价迅速地下跌至每股 70.5 美元。这是一个趋势发生改变，而且是转头向下的明确信号，此时你应该卖空该股。而与此同时道琼斯工业平均指数却展现出强烈上涨的趋势，但是你不能因为道琼斯工业平均指数的上涨，而在个股明显出现下跌信号之时，逆个股的趋势去买进玉米制品公司股票来进行交易。果真如此，后果不堪设想。

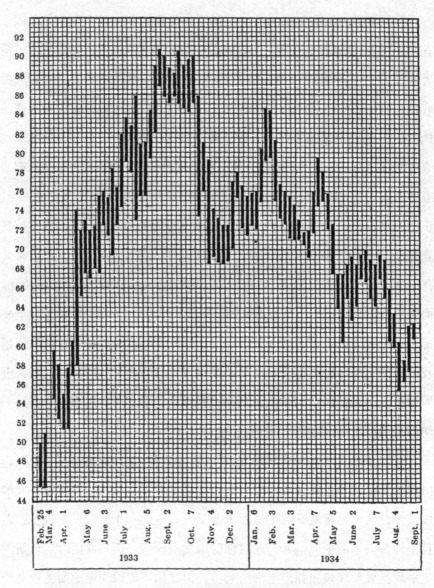

图 5-3　美国玉米制品周线高低点示意图（1933—1934 年）

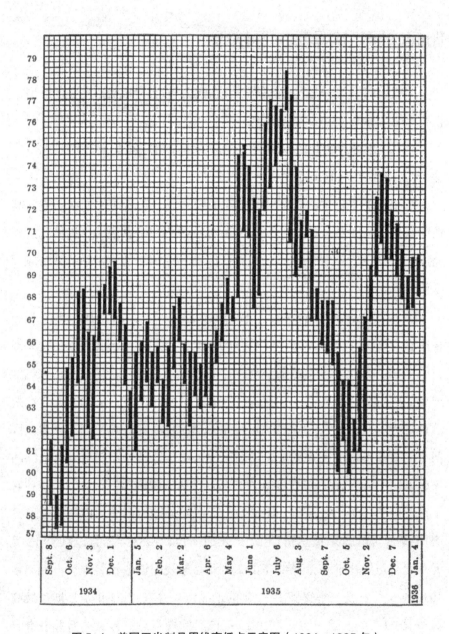

图 5-4　美国玉米制品周线高低点示意图（1934—1935 年）

69

如何捕捉牛市早期的领涨股

那些提前下跌，先于其他股票形成底部，并且完成吸筹任务的股票，很有可能会成为牛市中的领涨股。

当某只股票先于其他股票，突破前一年的顶部，或者前几个月的高点，这表明，它们也将在上涨中处于领先地位。

在每一个牛市中，总有一些早期的领涨股，或者领先上涨并提前其他股票见顶的股票。那些在 1931 年其他股票仍在下跌之时，提前见底并完成底部吸筹任务的股票，都成为了 1932—1933 年的牛市中的领涨股。举例如下。

美国商业酒精（American Commercial Alcohol）：该股 1929 年 4 月的最高点为每股 90 美元；而到了 1931 年 10 月仅为每股 5 美元。比在大多数股票在 1932 年见底之前提前了 8 个月并构筑底部。请注意底部构筑的迹象是股价窄幅波动，并伴随着巨大的成交量。（注：头部的形成也是这种走势，只不过在形成之时我们并不知道是底部还是顶部，因为该区间可能是吸筹也可能是派发，未确定顶部还是底部还需要看股价最终的突破方向）。接着在 1932 年 5 月，当其他股票都创出新低之际，唯独它上涨突破了去年的最高点，展示出上涨的趋势已经形成。1932 年 9 月，美国商业酒精股票抵达每股 27 美元的高位；1933 年 2 月，跌至 13 美元每股，正好比前一个底部高出 2 美元。这表明该股仍将继续上涨。在 1933 年 5 月该股一举突破 1932 年的最高点，并在 1933 年 7 月抵达最高点每股 90 美元。这一点位和 1929 年该股的最高点一致，之后并没有突破这一高点。这就形成了一个双重顶。在此点位应该平仓做多的头寸，并开仓做空该股。但是还要切记，必须要在 1929 年的最高点上方 3 个点的地方设置停损单，来对自己的交易进行必要的风险控制。最后，该股在 1934 年的 7 月抵达 20.75 美元的最低点，做空获利颇丰。接着在 1934年 12 月该股涨至 34.75 美元；1935 年 6 月跌至每股 22.5 美元，正好比前一个底部高出 1.75 美元。这说明在这一点位上该股获得了支撑。随后该股在 23 美元到 28 美元间震荡了 7 个月，并最终在 1935 年 11 月一举突破 1934 年的最高点 34.75 美元。最后再补充一句，只有突破最高点 3 个点以上才能确认该股会继续上涨。同时也意味着如果做空，停损单应该设置在该点位之处。

美国冶炼公司（U.S. Smelting）：这是另一只牛市早期的领涨股。美国冶炼公司的股票走势明显地给出了它会比其他股票领先上涨的征兆。具体表现为，1929 年 4 月该股抵达最高价 72.875 美元每股；1931 年 9 月，跌至 12.375 美元；同年 11 月该股反弹至 26 美元。1932 年 6 月，该股跌至 10 美元，这也是该股的历史最低价。请参照美国冶炼公司股票走势年线图：1907 年的低点为每股 24.25 美元；1915 年的最低点为 20 美元；1916 年的高点为 81.5 美元，这一点位是当年的最高点。随后，1923 年该股的最低点为 18 美元；1929 年最高点为 72.875 美元，这一点位比 1916年的最高点还低一些；接下来在 1932 年 6 月创下了迄今为止的历史新低。

正如前文中我们多次提到的那样，巨大的成交量的累积往往伴随着股价的窄幅波动。1933 年 4 月，美国冶炼公司的股价突破了每股 26 美元，高于 1930 年之后所有的最高点（如图 5-5 所示）。这是一个标准的买入点，从此点位开始你可以随着股票的上涨而高抛低吸操作。突破之后该股出现了快速上涨。到 1933 年 7 月，该股一举突破了 73 美元的整数大关，也就是 1929 年的最高点附近。这一走势说明该股还会继续上涨，因此这一点位也是交易者加码买进的合理点位。随后该股突破了 1916 年的历史最高点 81 美元，此处也是加码买进和高抛低吸的绝佳点位。1933 年 9 月、10 月和 11 月，股价连续在 105 美元附近创下最高点。而在 1934 年 7 月最终抵达最高点每股 141 美元，从最低点算起一共上涨了 131 美元。与此同时，其他大多数股票还处于构筑底部的走势之中。后来，美国冶炼公司的股票在经历了本次逆大势的快速上涨之后，股价开始一路走低，下跌趋势明显。而此时其他股票正处于上涨趋势之中。该股最终于 1935 年 9 月和 12 月间跌至 92 美元。

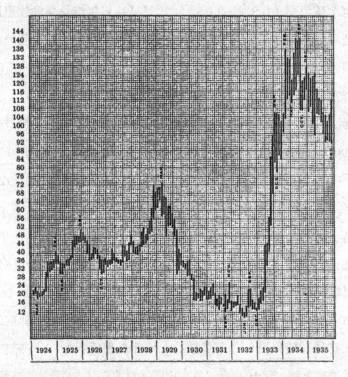

图 5-5　美国冶炼公司月线高低点示意图（1924—1935 年）

　　美国工业酒精（U.S.industrial Alcohol）：1932 年 6 月，美国工业酒精股票跌至 13.25 美元的低位；在接下来的走势中展开一轮上涨走势，并于同年 9 月上涨至 36 美元；接着 1933 年 2 月的次级折返下跌走势使得该股跌至每股 13.5 美元，仅高于 1932 年的最低点 0.5 个点。双重底的走势显示该股在此点位获得支撑，正是买入的良机。1933 年 7 月该股的最高点为每股 94 美元。此次暴涨是因为第十八修正案被废止后，公众对威士忌酒类股票和其他类工业酒精类公司的收益期望过高所致。这一政策直接导致该股从 1933 年 2 月的最低点，13.5 美元起步，一路飙涨至 1933 年 7 月的最高点 94 美元。暴涨之后必是暴跌。1934 年 9 月，该股已经跌至每股 32 美元。而道琼斯工业平均指数在 1934 年 7 月 26 日就已经跌至最低点。1934 年 12 月，美国工业酒精反弹至 47 美元。此后，该股的价格变动变得缓慢，慢慢淡出活跃股的视线，被市场抛在了后面。后来一直到 1935 年 9 月，该股股价才再次突破 47 美元大关。

　　如果你能顺应趋势操作，那么你应该在 1933 年该股一路上涨之际买进该股，并在周线走势图中发现趋势变化后，开始着手卖出多头仓位或者开新仓卖空该股。

　　联合水果（United Fruit）：该股在 1932 年 6 月抵达最低 10.25 美元。之后经过充分的底部吸筹后，趋势转头向上。最终于 1933 年 3 月向上突破了 1932 年的最高点每股 32.375 美元。这表明该股有可能会成为牛市早期的领涨股。后来的市场走势证明，该股在 1933 年、1934 年和 1935 年年初，都是市场上走势抢眼的领涨股。联合水果公司的股票在 1933 年的最高价为每股 68 美元；1934 年最高价为 77 美元；1935 年 5 月份最高价为 92.75 美元。我们的交易原则是，只要这只股票的顶部和底部不断地抬高，我们就可以高抛低吸不断地买入该股。但是，一旦该股的趋势发生反转，就应立刻平仓做多的头寸，卖空它。

克莱斯勒汽车公司：1932 年 6 月，克莱斯勒汽车公司的股票抵达最低点每股 5 美元；后来在 1932 年 9 月上涨至每股 21.75 美元；到了 1933 年 3 月，股价再次下跌至 7.75 美元，该底部比 1932 年的最低点高出 2.75 美元。此时该股获得强力支撑并且走势中有积极吸筹的迹象，是一个合适的买进点位。1933 年 4 月，克莱斯勒汽车公司的股票随着成交量的放大而交投活跃，5 月，股价就突破了 1932 年的最高点。这种走势是预示着该股还会继续上涨的非常明确的信号。随后，该股先后突破了 1931 年的高点 25.75 美元和 1930 年的最高点 43 美元。最终在 1934 年 2 月，该股股价最高上涨至 60.375 美元才告终结。此时伴随着巨大的成交量，周线和月线图都显示，这是一个典型的头部区域，股价的整个趋势将会转为向下。1934 年 8 月和 9 月，该股的最低点都是 92.25 美元。由于此时的股价正好处于 1932 年的最低点和 1934 年的最高点的中间位置，根据黄金分割理论正好处于 50%，所以该股应该在此点位获得了强力支撑。当 1935 年 3 月该股再次抵达 31 美元处，此点位和 1934 年的最低点高出 1.75 点出止跌企稳，形成了明显的双重底。这同时也是一个明显地买入信号。接着在 1935 年 8 月，该股股价一举突破 1934 年的最高点 60.375 美元，这一走势明显地预示着该股仍将继续走高。因此交易者可以在此点位再次加码买进。后来的 1935 年 12 月，克莱斯勒汽车公司的股票涨至每股 93.875 美元的历史最高位。从 1935 年 3 月的最低点至同年 12 月

的最高点，该股的价格上涨了 62.875 美元，期间没有一次价格回落超过
9 美元的走势。这充分说明这只股票在这段时间内始终保持了强劲的上涨
势头。也是使用金字塔买入法的绝佳时机（注：金字塔买入法简单理解
就是首次买入的数量应该是最大，之后追加买入的数量要越来越少，且
追加次数一般不要超过 4 次）。

如何捕捉强势股

如果你遵循我的前两本书《江恩股市操盘术》和《江恩选股方略》
之中所讲述的交易原则的话，那么你很容易就能选出强势股。举例如下。

西屋电气：1935 年 6 月，西屋电气的股价跌至每股 15.625 美元，与
1907 年的最低点价格一致。根据我们的交易原则，这是一个很明显的买
点，当然，如果买入，不要忘了在原来低点之下 3 点之处设置停损单。
在后来的 1932 年 9 月，该股上涨至每股 43.5 美元。接着在 1933 年 2 月，
西屋电气跌至 19.375 美元的低位。此点位距离上一底部还有 3.75 点的距
离。这说明股价在此点位获得支撑。然而在随后的走势中，该股依旧交
投清淡，走势沉闷令人昏昏欲睡。虽然股价也经历了一段时间的窄幅波动，
而且按照我们的交易原则，这种走势很明显是趋势即将发生变化的标志。
根据走势你可以很轻松地辨别出该股正处于吸筹走势之中，所以买进该
股也在情理之中。实际上还有另外一个关注该股的原因，即西屋电气在
1929 年股市繁荣期间到迄今为止，从未进行过股票的拆分和分红，这更
加让交易者对未来可能出现的拆分和分红抱有预期。

　　1933 年 7 月，西屋电气的股票一举突破了 1932 年 9 月的最高点 43.5 美元。这预示着股价还会继续走高。正如我们的交易原则所说的那样，当股价突破了原来的高点之后，你可以加仓买进更多的股票。实际上该股在 1933 年 7 月最终上涨至 58.75 美元。此时该股的日线图和周线图都显示，顶部正在形成之中，因此交易者应该平仓做多的头寸，开仓卖空的头寸。在后来的 1933 年 10 月中，西屋电气下跌至每股 28.625 美元。这一点位比 1933 年 2 月的最低点高出 9.25 点。此时该股依然展现出强势的一面，其整体趋势依然向上。随后，该股在相当长的一算时间内保持窄幅波动，而且成交量在缩小，这是一种明显的吸筹走势，而且股价并没有跌破最近的底部 28.625 美元。

　　1934 年 2 月，西屋电气上涨至每股 47.25 美元。此时该股再次出现放量滞涨走势，而且周线和日线图都显示，它正在形成头部。交易者此时应该平仓做多的头寸，卖空该股。在 1934 年 2 月当大多数股票都开始转头向下之时，而西屋电气却在大幅上涨之后，保持着每天 500 万股的成交量。这是很明显的一种派发走势。到 1934 年 7 月，该股已经跌至 27.875 美元，这一点位只比 1933 年 10 月的最低点低 0.75 点。如果你在前一个低点 29 美元附近买进该股，并且在前低下方 3 个点处，即 26 美元的位置设置停损单。那么这一停损单肯定不会被触发。1934 年 7 月的低点之后，一直到 1934 年 12 月，西屋电气一直呈现出窄幅波动的价格走势。这是明显的底部吸筹信号。接下来我们要做的就是，观察该股是否有效击穿前期底部 3 个点。当我们发现该股并没有跌破前期底部之下 1 个点时，时刻关注该股的华尔街交易者们就能看到明显的获得支撑的吸筹信号，并买入该股等待获利。

　　1935 年 3 月，当道琼斯工业平均指数正在筑底，而市场中绝大多数股票都纷纷展开反弹走势之时，西屋电气却一路下跌至 32.625 美元每股。接着该股交投开始活跃，随着成交量的放大最终开始上涨。1935 年 4 月该股一举突破 47.25 美元这一 1934 年的顶部，这又是一个明显的突破上涨走势，预示着该股仍将继续走高，同时这一点也是加仓买进的绝佳位置。

　　1935 年 7 月，西屋电气的股价突破了 1933 年的最高点 58.75 美元，这又是一个明确的预示股价会进一步走高的信号，同时也是一个合理的加仓买进点位。根据我们的交易原则，如果要继续保持强劲的上涨势头，股价就不应该回调至前期高点下方 3 个点的位置，也就是每股 55 美元。实际走势是，当股价突破 58.75 美元之后，股价仅回落至 57 美元，符合我们的交易原则。随后该股在 1935 年 11 月最终上涨到每股 98.75 美元。西屋电气是一直适合金字塔式交易法的股票，因为从 1935 年 3 月至 1935年 11 月期间，它一直保持向上的趋势。

熊市后期才创下新低的股票

　　市场中还有一些股票在熊市后期才开始下跌，或者经过长期的下跌——（通常是 2 到 3 年）之后再次下跌并创下新低，这类股票如果是在熊市开始时就已经创下新低，那么它们就不可能在未来的走势中下跌过多。我们的交易原则是，在一只股票创下新低，并且在随后的反弹中达到比过去的底部高 3 点的位置，这就预示着该股的下跌已经结束，此时该股已经在酝酿即将出现的再次上涨。

美国电话电报（American Tel. & Tel.）公司：1907 年股市大恐慌之时，美国电话电报公司的股票最低价为每股 88 美元。到 1932 年 6 月，该股在熊市进行了 33 个月之后才击穿 88 美元，并在 1932 年 7 月跌至 70.25 美元。这一点位比 1907 年的最低价还低 17.75 美元。但是在同一个月中稍晚些的时候飞快地反弹到了 89.5 美元附近，已经高于过去 88 美元的最低点。据此我们分析，前期的股价跌至 88 美元下方是因为熊市的最后恐慌性抛盘所致，随后的快速反弹表明股价已经印证了最后一个底部。后来的走势果然印证了这一分析，8 月份股价回升值 91 美元，这一点位比原来的低点 88 美元还高 3 美元。这预示着股价还会继续走高。随后该股在 1932 年 9 月涨到 121 美元。根据交易原则，交易者应该在 91 美元时买进美国电话电报公司的股票，此时股价比历史底部 88 美元仅高出 3 美元。同时，此点位比历史极值最低点位 70.25 美元高出近 20 美元。但是即便如此它仍能在短短 2 个月内每股上涨 30 美元。这一事例再次证明了，交易者应该谨遵交易原则，顺应个股的趋势进行交易，而且还要在个股趋势发生变化时随之做出相应的改变。

统一燃气公司（Consolidated Gas）：1934—1935 年，当其他的股票都突破前高之时，统一燃气公司的股票却在经历自己的最后一波清算抛盘的洗礼。1923 年统一燃气公司的股票的最低点是 56.125 美元。在 1932 年，该股向下击穿了 56.125 美元，并跌至 32 美元的低点。之后在 1932 年 9 月，该股反弹至 66 美元；随后在 1934 年 7 月跌破了 1932 年的最低点 32 美元，并在 1935 年 2 月抵达 15.875 美元的最低点。股价在 1935 年 8 月反弹至

34.5 美元，同年 11 月最高反弹到 34.75 美元。根据我们的交易规则，因为股价再也没有涨到比 1932 年的最低点 32 美元高 3 美元的地方，所以判断该股仍处于弱势状态。交易者应该清仓做多头寸，卖空该股。1935 年 9 月，统一燃气公司的股票最低跌至 25.625 美元。我们始终坚守的交易原则是，当股价突破 35 美元，即比 1932 年的最低点高出 3 个点之时，才能预测股价将会涨得更高。否则，该股仍将处于弱势，并将继续下跌。

1929 年牛市末期才创出新高的股票

道琼斯 30 种工业股票的平均指数在 1929 年 9 月到达历史最高点。其中美国钢铁，和其他一些领涨股也几乎在同一天抵达了牛市的最高点。对于那些不太关心股票行情记录的人来说，他们几乎不可能知道市场在经历了 1929 年的大崩盘之后，仍有不少股票在 1929 年的 10 月初上涨至最高点。

铁姆肯轴承 (Timken Roller Bearing) 公司：铁姆肯轴承公司的股价在 1929 年 9 月涨到了最高点，119.5 美元每股。接着同年 10 月份，该股抵达 139.375 美元的新高。与平均指数相对比，在整个 10 月份，平均指数下跌了 100 点，而铁姆肯轴承公司的股票却上涨了 20 美元。

美国工业酒精公司：1929 年 9 月美国工业酒精公司的股票最高点为 226.5 美元。到了同年的 10 月初，该股股价上涨至 243.625 美元。尽管股价面临严重的抛压，而且大盘处于崩盘走势之中，而它 10 月份的高点仍比 9 月份高出 17 美元。美国工业酒精公司的股票晚于大盘见顶的原因是，在大盘上涨初期，它并没有跟随上涨。因此，在大盘转头向下之时，它仍能保持股价继续上涨一定的时间。

如果你当初因为平均指数和其他股票的趋势都已经开始转头向下，卖空操作的气氛浓郁，就卖出铁姆肯轴承和美国工业酒精公司的股票的话，那么你就错了。但是如果你肯坚定不移地遵循交易原则，严格依照个股的趋势进行交易，就像我们上文中所叙述的那样，那么你一定会一直持有它们，直到真正的顶部来临，并且给出明确的趋势开始下跌的信号时为止。

牛市结束后第二年才创出新高的股票

一般情况下，当牛市到达最高点之后，通常会有一个迅猛的急速下跌，接着会有一个次级折返反弹走势，至此以后漫长的熊市就开始了。1929年之前的这次大牛市也不例外。1929年的9月份，牛市抵达最高点，接着在10月和11月就展开了一轮恐慌性下跌，这可以被称作是历史上最惨重的下跌之一。随后大多数股票开始展开反弹，并在1930年4月抵达反弹的最高点。此时的高点比1929年道琼斯工业平均指数的最高点还低近100点。然而还有另外一些股票，却在此时创出了历史新高。

研究哪些股票或者什么类型的股票，会在什么情况下创出新高，并找出原因，这是一件十分有趣的事。经过研究我们发现，能在1930年4月份创下新高的股票，通常都是流通市值很小，股价很容易被操控的股票。当这些股票突破1929年的最高点之时，这就是一个明显的继续上涨的信号。交易者应该在此时跟随它们的趋势，直至出现明显的头部信号为止。此时你完全可以不用考虑其他大多数股票都处于熊市之中，且价格都远远低于 1929 年的最高点位置。此处可以理解为轻大盘，重个股。举例如下。

可口可乐公司：可口可乐公司的股票在 1929 年进行了拆分，从 1930 年开始它一直处于上涨状态，直至 1930 年 6 月才抵达最高点。当时该股的最高价为 191.375 美元。考虑到这只股票见顶时间晚于大盘，那么自然而然的，其见底时间也应晚于大盘。而当时许多股票，实际上是绝大多数股票都在 1932 年 6 月创下最低点之时，可口可乐公司的股票却还正走在下跌的路上。后来直到 1932 年的 12 月，该股才抵达最低点 68.5 美元。随后该股出现了盘整吸筹走势，而且其基本趋势也开始转头向上。从此，可口可乐公司的股票每年都创出新高，其底部和头部都不断地抬高，并与最终抵达 298.5 美元每股的最高价。此时正好是 1935 年 11 月，该股再次进行了拆分，一股被拆分为四股。

电力与照明公司（Elec Power & Light）：当 1929 年 11 月的恐慌性暴跌之时，电力与照明公司的股票跌至 29.125 美元。然而到了 1930 年 4 月，该股却上涨至 103.5 美元，这一点位比 1929 年的最高价还高出 17 美元。作为交易者，我们应该关注的是，当该股突破 1929 年的最高点之后，顺应个股的趋势买进该股，直至个股的趋势明确地转头向下时为止。随后，该股跌至 1929 年的最高点下方，并显示出趋势反转的信号。此时交易者不应过度留恋，而应该像对待其他股票一样，顺应该股向下的趋势开仓做空。

1932 年 7 月，电力与照明公司的股价跌至 2.75 美元。后来在 1933 年 9 月，该股又上涨至 16 美元。随后这只股票在 1933 年、1934 年和 1935 年间不断下跌。当其他的股票在 1934 年和 1935 年纷纷开始上涨之际，该股的股价却始终没能突破 1933 年 9 月时的最高点。这种走势表明，交易者应该做空这只股票。1935 年 3 月，由于政府出台了不利于公共事业类行业的法律法规，导致公共事业类股票面临严重的抛压而纷纷下跌。电力与照明公司的股票也不例外，最低跌至 1.125 美元。依据我们的交易原则，由于该股的股价在下跌中不断地创下新低，所以可以判定它处于下跌趋势之中，交易者应该顺应该趋势卖空该股。

钒钢股份（Vanadium Steel）：钒钢股份在 1929 年 2 月创出新高 116.5 美元。到 1930 年 4 月平均指数次级折返反弹走势之中，该股再次创下新高 143.25 美元。后来，1935 年 4 月跌至 11.25 美元。钒钢股份之所以能涨得这么高，主要是因为它是一直小盘股，市场中股票的供给比较稀缺。再加上当时该公司的高管们联合主力一起操纵股票，并在此过程中赚了很多钱。这直接导致后来该公司的经营状况急剧恶化，进而在经济大萧条中陷入了困境。实际上，当它在 1935 年 4 月跌至 11.25 美元之后，股价的恢复性上涨走势也是有气无力。和 1930 年的情况一样（当时绝大多数股票都未创出新高），它上涨得比其他股票都要晚。晚见顶，晚见底，晚起涨。另一方面，也因为钢铁行业是最后一个走出大萧条的行业。

国家钢铁（National Steel）公司：研究国家钢铁公司股票的走势时，将它的走势与同类的其他钢铁公司进行比对是非常重要的。这主要是因为该股属于绩优小盘股，市场上股票的供给量很小，而且在大萧条这样的时期也收益良好，业绩远好于美国钢铁和钒钢股份。但是在牛市中，它却是在后期才开始上涨的。所以它抵达顶部的时间比其他股票要晚，直到 1930 年 4 月，国家钢铁公司的股票才在 76.5 美元处抵达最高点。之后，1932 年 7 月，该股的最低点是 13.5 美元。随后的走势中，该股在 1933 年、1934 年和 1935 年间，所形成的底部不断抬高。1935 年 7 月股价更是一举突破 1934 年 2 月的最高点，标志着新的一轮上涨已经拉开了序幕。突

破前高之际正是加码买进的良机。1935 年 11 月，股价突破了 1030 年 4
月时的最高点。从基本面来看，该股管理优秀，质地优良，股本很小。
其发展的前景也远远好于美国伯利恒钢铁公司（Bethlehem Steel）等其他
钢铁公司。但是无论我们如何从主观的角度来看待这些问题，最终都要
遵循客观事实，即按照该股的基本趋势来顺势交易。当该股的趋势转头
向下时，我们的交易策略也要做出相应的改变。总之要做到顺势而为。

刷新 1929 年最高点的股票

前文中我曾经讲过，我预测平均指数再也不会见到 1929 年的最高点。
但是这并不代表我认为个股也不能突破 1929 年行情的最高点。事实上有
不少股票刷新了自己在 1929 年行情中的最高点，并创下了新高。举例如下。

美国安全刀片公司（American Safety Razor）：1932 年 6 月，美国
安全刀片的股价跌至 13.375 美元。此后该股在 1933 年和 1934 年间一路
上涨，在此期间的回落走势均没有超过 2 个月或 3 个月的。到了 1935 年
的 2 月，3 月和 4 月间股价抵达 1929 年的最高点 75 美元附近，并在该点
位附近徘徊震荡。1935 年 5 月该股一举突破 1929 年的最高点 75 美元，
这标志着该股的新一轮上涨即将展开，股价将涨至更高的价位区域。
1935 年 7 月，该股最高上涨至 95.75 美元。综合来看，该股从 1932 年起
就一直保持上涨态势，成为牛市早期的领涨股之一，交易者应该在行情
启动之际买进该股，并在其突破 1929 年高点时加码买进。

通过对比吉列刀片（Gillette）和美国安全刀片的股价走势图，交易

者可以一目了然地看到结果。假设你当初为了追随美国安全刀片的走势，而买入了与它同一类的吉列刀片股票。之后发生的事是，1933 年 12 月吉列刀片创下新低 7.625 美元，接着该股一直保持在一个窄幅的价格空间进行波动，此后虽然也出现短暂的上涨，但是截止到 1935 年 8 月，其股价仍在 12 美元的底位运行。

哥伦比亚影业公司（Columbia Pictures）：这只股票在 1930 年 4 月的最高价为 54.75 美元。1931 年的 12 月最低价为 2.625 美元，这一时间比其他股票见底的时间提早了 6 个月。1932 年 7 月，当其他股票抵达最低点之时，该股已经突破了前期的好几个高点，展示出积极上涨的态势。到 1933 年 3 月，哥伦比亚影业公司股票跌至每股 6.625 美元。正好在 1931 年的最低点的上方 4 个点出获得支撑。这表明该股将展开一轮上涨。1933 年 5 月，该股一举突破 1932 年的最高点，这是明确的股价将继续上涨的信号。接下来的走势印证了这一突破，该股继续上涨，并且在上涨过程中高点和低点逐步抬高。这只股票的股价最终在 1933 年内突破了 55 美元，站到了 1930 年最高点之上。这是股价将进一步上涨的标志。后来在 1935 年 7 月，该股最终涨至每股 81 美元。而此时，同类的电影行业公司，如派拉蒙影业公司（Paramount）、雷电华电影公司（Radio-Keith-Orpheum）和华纳兄弟影业公司（Warner Brothers）都已落入破产受益者的手中，股价都保持在低位运行。唯独哥伦比亚影业公司一枝独秀，这种走势充分证明，交易者永远要追随强势股，抛弃弱势股。

刚果莱姆（Congoleum）公司：这只股票在 1930 年 12 月，最低点是 6.25 美元。随后该股进入长时间的盘整吸筹期，并且在 1933 年 3 月抵达最后一个低点 7.5 美元之后，开始进入波段式上涨周期。其波段的底部和顶部不断抬高，直到 1935 年 7 月，它的股价一举突破 1929 年 7 月的最高点 35.75 美元。

麦基斯波特锡板公司（McKeesport Tin Plate）：该股于 1932 年 6 月创下新低，28 美元；同年 9 月的最高点为 56.625 美元；12 月的最低点为 40.125 美元。之后，当 1933 年 2 月，其他股票都还在低位盘整之时，它却一路上涨至 57 美元的高位。此点位高于 1932 年 9 月时的最高点，这是一个明确的股价还会升得更高的信号。考虑到该股在 1931 年的最高点为 103.5 美元，这说明该股在牛市初期，曾经一路飙升成为市场当时的领涨股这一基本事实。1933 年 8 月，该股的高点为 95.75 美元，仍没有突破 1931 年的最高点。后来在同年 10 月份股价跌至 79 美元，和上几个底部相比，底部不断抬高的迹象明显。1935 年 4 月，麦基斯波特锡板公司的股票最终突破了 1931 年的最高点。此时又是一个明确的强势上涨信号，股价一定还会继续再创新高。

国民酒业（National Distillers）：国民酒业的股票在 1929 年 6 月的最高点为 58.5 美元；同年 10 月的最低点为 15 美元；1932 年 6 月的最低点为 13 美元，这一点位正好和 1926 年 5 月的最低点 12.5 美元一起构成了双重底形态，而且该点位仍比 1929 年 10 月的最低点低 2 个点。这足以说明该股在此点位附近获得了强有力的支撑。在长达七年的双重底走势中，该股积蓄了大量的做多动能。因此，当其他股票纷纷创出新低之际，该股却逆势上扬。到 1932 年 8 月，它已经涨至 27.25 美元；接着在 1933 年 2 月，该股最低跌至 16.875 美元。底部的不断抬高预示着股价还会进一步上涨。1933 年 4 月，国民酒业的股票连续攻克了 1932 年的最高点 27.25 美元和 1931 年的最高点 36.375 美元。这一系列高点的突破表明该

股仍将继续走高。交易者可以在此点位买进，然后随着股价的不断上涨
而不断加仓买进。1933 年 5 月，国民酒业突破了 1928 年和 1929 年的最
高点 58 美元。同年 7 月，该股最高上涨至每股 124 美元。此时，几乎所
有人都看好该股，而就在人们议论纷纷期盼该股上涨到每股 500 美元甚
至 1000 美元时，却正是交易者卖出该股，然后做空它的良机。果然，随
后该股就出现了惨烈的下跌。如图 5-6 所示。

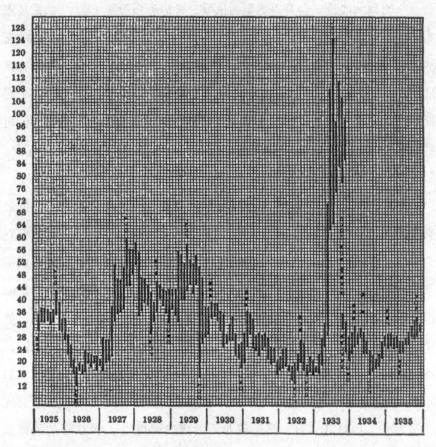

图 5-6　国民酒业月线高低点示意图（1928—1935 年）

这个例子中所蕴含的智慧箴言就是：要在市场中靠交易赚到钱，就必须紧紧追随个股的趋势，而不是同一板块平均指数的趋势。

1932—1935 年的滞涨股

当我们浏览一大串上市公司的股票目录时，你会发现有许多股票在 1932 年到 1935 年间并没有涨多少。实际上，在那段时间，它们中甚至有一些股票下跌到了比 1932 年 5 月至 6 月间的熊市最低点还要低的位置。举例如下。

美国国际集团（American International）：美国国际集团的股票在 1932 年 7 月时，最低点为 2.5 美元每股。1933 年 7 月的最高点为 15.125 美元；1933 年的最低点为 4.25 美元；1934 年的最低点是 4.75 美元；1935 年的最低点是 4.5 美元。到了 1935 年 12 月该股最高上涨至 10 美元。而与此同时，其他的一些原先跌至 3 ~ 5 美元的股票，都已经上涨至 25、50 和 70 美元的水平。通过查看美国国际集团股票的月线走势图，你很容易就可以判断出，没有任何迹象表明该股会跟随其他股票一起上涨。我们得出的结论是，交易者应该远离这样的股票，转而买入那些股价的低点和高点都不断抬高的股票。

标准电气石油公司（Standard Gas & Electric）：1932 年 6 月，标准电气石油公司的股价跌至最低点，7.625 美元；1933 年 3 月的最低点为 5.125 美元。该股在 1934 年 12 月的低点为 3.625 美元；1935 年 3 月的低点为 1.5 美元。这种走势和其他股票的价格纷纷上扬，并不断突破原来的高点的普遍走势格格不入，反而是年年创下新低。因此指望这样的股票赚钱肯定会让你失望。1935 年 12 月，该股仅涨到 6.375 美元就止步不前了。

国民乳业公司（National Dairy）：1932 年 6 月，国民乳业公司的股票最低成交价为 14.375 美元；1933 年 2 月该股的最低成交价为 10.5 美元。这一点位比 1932 年的最低点还低 4 个点。如果同比道琼斯工业平均指数的走势我们就可以发现，后者比 1932 年的最低点还高出 4 个点。此时的交易者，不要因为该股是牛市早起的领涨股，而对它念念不忘，进而在 1933 年 3 月群体个股上涨突破时买入它，却丝毫没有注意它正处于弱势状态。后来的事实证明，虽然该股在 1933 年出现了上涨，但是涨幅比起价格水平跟它在同一起跑线上的个股来说要小得多。

1933 年 7 月，国民乳业的最高价上涨至 25.75 美元。然后该股的趋势再次变为向下。1933 年 12 月该股最低跌至 11.25 美元每股。这一点位与仅比它低 1 个点的 1933 年 2 月的最低点一起组成了双重底形态。如果你不嫌弃它慢牛走势，你可以在此点位买进。1934 年 7 月该股最高上涨至 18.75 美元；随后在 1935 年 3 月又跌至 12.875 美元之后，股价进入窄幅波动整理状态。而且 1935 年 3 月的最低点比 1933 年 12 月的最低点高出不到 2 个点，这也说明该股在此点位获得了支撑，股价将来一定会上涨。后来一直到 1935 年 11 月国民乳业才突破了 1934 年的最高点。根据该股晚于大盘创新高的特征，和我们的交易原则，可以预计该股不会下跌。理由是平均指数或其他个股都是因为大幅上涨之后才出现下跌的，而国民乳业才刚刚创下新高。因此不管这只股最终会涨多少，或者跌多少，至少它不会在此时跟随其他股票一起下跌。因为那些股票从 1932 年的最低点开始，要么经过了大涨，要么股价已经上涨到 75 元或者更多。所以它们出现急剧的下跌纯属正常。

美国地产（U.S. Realty）：1929 年时美国地产的最高价为 119.5 美元；到了 1932 年 6 月，该股跌至 2 美元；1933 年 7 月反弹至 14.5 美元；1935 年 3 月跌至最低每股 3 美元。只比 1932 年的最低点高出 1 美元。1935 年 12 月，最高上涨至 11.5 美元。由于纽约市的房地产市场几乎被这家公司独家掌控，而房地产业又是最后一个从大萧条中复苏的行业，所以该股属于牛市中最后上涨的股票。而我们要确定该股确实是真正具有强劲的上涨势头，只有在它突破 1933 年的最高点之后才能确认。

阁楼糖果（Loft Candy），大陆汽车（Continental Motors）还有另外一些股票：它们并没有像其他一些股票那样交投活跃、屡创新高。根据我们的交易原则，我们应该远离这样的股票，而应该总是交易那些突破前期高点，而且底部和顶部在不断抬高的股票。因为只有它们才是绝佳的投资标的，而对于那些不活跃的，交投清淡的股票，交易者应该远离它们。

牛市中弱势形态的股票

熊市中的个股往往会在触及极限低点之后出现反弹走势。那些在下一轮牛市的开始阶段仅仅反弹了 2 ~ 3 个月时间，而且并没有突破第一次反弹走势的最高点的股票，我们称之为弱势形态股。

1932 年 7 月到 1932 年 9 月间，一些股票出现了为期 2 个月的快速反弹。在接下来的走势中，这些股票的价格再也没有突破这次反弹的最高点，其主要原因是，这些股票在第一次反弹至高点时出现了空头回补的交易，再加上它们经过回升以后并没有出现足够的买盘来保持上涨的趋势，因此它们就会逐渐下跌，或者保持一种窄幅波动的价格走势。举例如下。

美国家用品公司（American Home Products）：1932年6月，美国家用品公司的股价跌至每股25美元；在随后两个月的反弹中，股价最高涨至43.75美元；接着在1933年12月再次跌至25美元。随后到1935年年底，该股一直在36美元附近徘徊，但是始终没有突破1932年第一次为期两个月的反弹的最高点，这足以表明该股正处于弱势运行态势，并不适合被选中作为领涨股。

如何选择独立行情的股票

奥本汽车（Auburn Motors）公司：奥本汽车股票总是以一种特立独行的姿态运行。换言之，它总是和汽车板块的整体走势背道而驰。当其他汽车股票上涨的时候，它在下跌；当其他汽车股票下跌之时，它却在上涨。

1932年5月，该股最低跌至28.75美元；1932年8月最高点为81美元；1933年2月最低点为31美元；此点位比1932年的最低点高出2.25美元。这表明，在此点位股价获得了支撑。1933年7月，奥本汽车最高涨至84.25美元，只比1932年的最高点高出3.25美元，但是随后该股的趋势转而向下，股价一路快速下跌到1933年10月的31美元才止住。这一点位正好和1933年2月的最低点一致。接着在1934年3月，股价反弹至每股 57.375 美元，这一点位明显低于过去的最高点，这表明该股仍处于弱势之中。后来的走势印证了这一点。该股一路跌破过去所有的低点，最终维持在 29 ~ 31 美元附近窄幅震荡整理，但是这次并不是吸筹走势。1934 年 7 月，股价最低跌至 17 美元。1934 年 10 月，股价反弹至每股 30 美元，正好是前期三个最低点附近，在此点位出现了明显的抛压盘。由于股价无法突破前期的高点，所以我们可以断定该股的走势仍处于弱势之中，这表明该股还会继续下跌。1935 年 3 月，该股最终跌至 15 美元，创下了历史的新低。随后股价出现了上扬，并且在同年 8 月突破了 30 美元的关键点位，站在了前两个高点之上，即突破了两个重要的旧的底部，这预示着股价还会进一步走高。1935 年 10 月，奥本汽车最高涨至 45.5 美元。

克莱斯勒汽车公司：我们将克莱斯勒汽车和奥本汽车这两只同属汽车板块的股票放在一起比较，观察它们在不同时期的强弱形态，来看看当一只股票出现强势形态之时，另一只是如何展现出弱势形态的。

1932 年 6 月，克莱斯勒汽车每股股价为 5 美元，而同一个月的奥本汽车却上涨至 77.125 美元。

1933 年 2 月，克莱斯勒汽车跌至每股 7.75 美元（比上一个参照点高50%），而奥本汽车最低跌至 31.25 美元（比上一个参照点低 50% 以上）。

1933 年 9 月，克莱斯勒汽车最高上涨至每股 52.865 美元（比上一个参照点翻了 8 倍），而奥本汽车的股价为每股 45 美元，与 7 月的最高点84.25 美元相比每股下跌了 39 美元（比上一个参照点上涨 50%）。在接下来的走势中，奥本汽车表现出弱势形态，而克莱斯勒汽车的股票却变得越来越强劲。

1934 年 8 月，克莱斯勒汽车最低跌至每股 29.25 美元，而奥本汽车跌至 17 美元的历史低位。

1935 年，克莱斯勒汽车股票在 7 月突破了 1934 年的最高点 60.375 美元；而此时奥本汽车的股票价格却远远低于 1934 年最高点的价格。后来，当奥本汽车在 1935 年 10 月最高上涨至每股 45 美元时，克莱斯勒汽车股票早已攀升至 88.75 美元。这一价格比奥本汽车在 1933 年 7 月的最高点 84.25 美元还要高。

这一事例非常有力地说明了交易者应该追随个股的趋势，买进最强势的股票，同时卖空那些最弱势的股票。

为什么在 1935 年克莱斯勒汽车的股票比奥本汽车和其他一些汽车公司的股票上涨得更快？因为在上一次牛市行情中，克莱斯勒汽车就早于其他汽车股率先于 1928 年 10 月抵达牛市最高点，所以克莱斯勒汽车股票的股价变动周期就不同于其他汽车股，而奥本汽车在 1929 年的大牛市末期才抵达最高点。之后，克莱斯勒汽车的股票回调到 60.375 美元，随后又在 1931 年 4 月上涨至 295.5 美元，而此时大盘正处于第一次反弹走势中，其他汽车股还都处于下跌途中。这一事例再次证明，交易者应该全身心地把握个股的趋势，而不要被其他因素影响。

在买进一只股票的同时卖空另一只股票 —— 对比联合水果和克莱斯勒汽车

我们将联合水果和克莱斯勒汽车这两只股票在 1935 年间每周高点与

低点进行对比，其目的是为了证明研究个股并根据个股的趋势进行交易的重要性。你不能因为其他股票都在上涨而决定买入一只股票，同样，你也不能因为其他股票都在下跌而卖出你手中持有的股票。这些都不是正确的买卖股票的理由。正确的做法是，依据每一只股票的具体位置来判断它的趋势，并且跟随这种趋势进行交易。

1935 年

周截止日

1 月 5 日 联合水果最高点为 75.5 美元；克莱斯勒汽车最高点为 42.5 美元，前者比后者高出 33 美元。

3 月 16 日 克莱斯勒汽车本周股价下跌至年度最低点 31 美元；而联合水果报收于 75.125 美元，比前者高出 44.125 美元。

5 月 18 日 联合水果的股票在本周上涨至 92.75 美元；而此时克莱斯勒汽车公司的股票价格为 49.375 美元，前者比后者高出 43.375 美元。

如果交易者能在这一关键点位判断出克莱斯勒汽车即将上涨，进而买进该股，与此同时判定出联合水果即将出现下跌走势，进而卖空该股，那么你就可以在两笔交易中都赚取数目可观的利润。

8月10日　　联合水果报收于每股 72 美元，正好比 5 月 18 日那一周的最高点 92.75 美元低 20.75 美元。而此时克莱斯勒汽车的股票报收于 62.75 美元，比 5 月 18 日那一周的最高点还高出 13.375 美元。此时联合水果的股价仅比克莱斯勒汽车的股价高出 9.25 美元。

8月24日　　克莱斯勒汽车公司的股价回调至 57.5 美元；而联合水果则报收于 65 美元。此时，后者仅比前者高出 7.5 美元。

9月14日　　这一周两只股票都报收于 74 美元。然而通过分析我们不难发现，联合水果的股价比 5 月的最高点低 18.75 美元；而克莱斯勒汽车的股价则比 5 月 18 日的周最高价高出 24.625 美元。如果当初你买进了克莱斯勒汽车的股票，那么你就能赚取每股 24 美元的利润；同时，如果你当初卖空了联合水果的股票，那么你也可以赚取每股 18 美元的利润。此时我们再次研判形势。联合水果由于没有突破前期高点，所以趋势依然向下；克莱斯勒汽车由于突破了前期高点，所以趋势继续向上。交易者一定要根据个股的具体走势来交易。

10月5日　　这一周，克莱斯勒汽车的股价最低跌至每股 69 美元；而联合水果的股价则跌至极限低点 60.5 美元，这一点位比最高点下跌了 32.35 美元。而此时，克莱斯勒汽车的股价比联合水果高 8.5 美元。

12 月 28 日　　克莱斯勒汽车的股价在本周上涨至年度最高点每股
　　　　　　　93.875 美元；而联合水果的股价再次跌至 60.875 美
　　　　　　　元的前期低点附近。前者的股价已经比后者高出 33
　　　　　　　美元。

克莱斯勒汽车和联合水果每周股价波动图如图 5-7 所示。图中形象
地展示了起初两只股票是如何地背道而驰；接着，又是经过怎样的变化
走到一起、逐渐黏合的；最后，一个跌得更低，另一个则涨得更高。

我们应该知道的是，并不是只有这两只股票才适合放在一起对比。
在 1935 年，有许多股票一路下跌，而另一些股票则一路上涨。这样
的例子非常多。但是仅这一个例子就足以证明，交易者可以在卖空诸
如联合水果一类的跌势股票的同时，使用金字塔买入法买进诸如克莱
斯勒汽车这样的趋势上涨的股票。上下其手，都可以获得非常可观的
利润。

综上所述，交易者可以通过卖空弱势或者趋势向下的个股，并与此
同时买入强势或者趋势向上的个股，以此达到同时在多头和空头交易中
获利的目的。

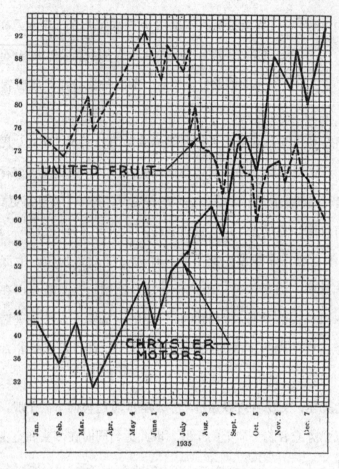

图 5-7　1935 年克莱斯勒汽车和联合水果每周股价波动图

反弹或下跌都不足 2~3 个月的股票

　　根据我的交易原则，牛市中一只将要涨得更高股票，一般情况下它

的回调走势不会超过 2 ~ 3 个月，并且在回调结束后会立即重拾升势，

并不会在回调的低位盘桓。同理，如果一只股票一直处于下跌趋势之中，那么它的反弹走势不会超过 2 ~ 3 个月，并且会在反弹结束后继续下跌，同样也不会在反弹的高位盘桓逗留。举例如下。

克莱斯勒汽车：克莱斯勒汽车自从 1926 年 3 月触底每股 28 美元以后，一直到 1928 年 10 月上涨至每股 140.5 美元，期间从未出现时间超过 2 个月的回调走势。之后，该股从 140.5 美元的高位开始下跌，一路跌至 1929 年 11 月的 26 美元，这期间也从未出现为期超过 2 个月的反弹走势。这一例子说明，前文所述的交易原则是多么重要。1930 年 4 月，从最高点 43 美元跌至 1932 年 6 月的每股 5 美元期间，该股也从未出现时间超过 2 个月的反弹走势。

道琼斯铁路平均指数：道琼斯 20 种铁路平均指数于 1929 年 9 月抵达它的历史最高峰 189 点。之后，指数在 1929 年 11 月的市场恐慌性暴跌中迅速下跌。在 1930 年 4 月反弹至最高点 158 点之后，该股一路下跌至 1932 年 6 月的 13 点。在此之前，铁路平均指数的历史最低点出现在 1896 年的 42 点。这一走势说明，当平均指数跌破它的历史最低位时，意味着它还会跌得更多。交易者应该在此时紧跟趋势做空铁路股，直至你所做空的平均指数或者个股出现筑底迹象，趋势即将发生变化之时。

一般情况下，熊市中弱势股票的特征之一就是，其反弹的时间往往只有 6 ~ 7 周，或者不超过 2 个月，而且在第三个月不会创出反弹的新高。铁路平均指数在从 1930 年 3 月开始到 1932 年下跌至最低点期间，从没有出现一次时间超过 2 个月的反弹走势。尤其是在这段走势中，从 1931 年 2 月铁路平均指数的最高点 111 点开始，到它下跌至历史最低点 13 点期间，从没有出现时间超过一个月的反弹走势。这表明它处于极度弱势状态之中，标志着该指数将面临严重的抛盘，且正在经历一个真正恐怖的熊市。

小盘股也适合卖空操作吗

在熊市中，当一只股票的整体趋势向下时，做空流通股很小的股票和做空流通股很大的股票一样安全。因为当派发性盘整完成之后，它们都会下跌，而且能够从很高的价格跌至很低的价格。正如在 1929 年到 1932 年间的大恐慌中所证明的那样。举例如下。

箱式脱粒机（Case Threshing Machine）公司：箱式脱粒机这只股票的流通盘仅仅 13 万股。1928 年 11 月，它的股价最高上涨至每股 515 美元，到了 1932 年 5 月却已经跌至每股 16.75 美元。这期间，该股出现过多次走势凌厉的反弹。但是如果你紧随趋势，在该股趋势开始转头向下之时就卖空，在其趋势转为向上之际就回补空头仓位并买进做多，你就能在该股上赚到非常多的钱。因为从最高点算起，该股累积下跌了将近 500 点。

奥本汽车：我们换个角度来看奥本汽车的股票。它在 1929 年 9 月的最高点是每股 514 美元，而到了 1935 年 3 月却已经跌至每股 15 美元。

奥本汽车的总流通股本只有 16.6 万股。从 1929 年的极限高点到 1935 年的极限低点，这期间一共有 499 美元的下跌幅度。试问，有多少人会在它跌至每股 100 美元时卖空，或者在它跌至每股 50 美元时开仓做空？说到底还是对趋势的理解不到位。只要趋势是向下的，就算它跌至25美元，甚至是20美元时都可以卖空。反之，做多也是一样。只要一只股票的趋势是向上的，那么不管它具体的价格有多高，交易者都可以买进做多。根据这一交易原则，对于奥本汽车来说，在上涨趋势中即便涨到400美元也应该买进；而在下跌趋势中，即便它跌至40美元也应该做空。

公用无线（Radio Common）公司：公用无线这只股票严格意义上来看并不属于股本特别小的一类个股。当它在1929年3月抵达极限高点每股549美元时，它的每一股被拆分成5股。随后，该股在1932年6月跌至2.5美元。有多少人在1929年公用无线价格在每股549美元的时候，梦想过它有一天能跌至每股2.5美元？可能一百万个人中有一个就不错了。从1929年到1932年为期32个月、高达546.5点的跌幅，对于任何股票来说都是史无前例的巨大跌幅了。这个例子也明白无误地证明了，满仓交易股票会导致倾家荡产的结局，因为股票会跌至一文不值。唯一安全的交易方法就是设置停损单，将每一只你买入的股票的风险控制在几个点的损失之内。

不管成交量大小，当趋势向下时，股票下跌；当趋势向上时，股价上涨。趋势为王。

在底部等待明确的买入信号

在经历了股市大恐慌或者长时间的下跌之后，我们总是有充足的时间在底部的低点附近购买股票。你所要做的就是认真研究过去的记录，以及市场在 1932 年底部的时候，个股是如何表现的。实际上，个股在底部往往需要很长的时间来进行底部吸筹，之后才能上涨。你可以选择在它已经开始上涨之时买入股票，这样能节省很多时间。在时间流失了几个星期或者几个月之后，如果一只股票仍然在底部附近徘徊，这表明该股正在积蓄上涨的能量，此时你可以在底部附近买进，并在低于底部几个点的地方设置停损单。举例如下。

佳斯迈威（Johns-Manville）公司：这只股票的走势很好地说明了一只曾经涨得非常高的股票，能够在底部盘桓多少时间。佳斯迈威公司的股票在 1929 年上涨到每股 242.75 美元；到了 1932 年 4 月它就跌至了每股 10 美元。此后，该股一直在 10 美元附近震荡，差不多花了四个月的时间在底部进行吸筹。到了 1932 年 7 月末，它才以突破前几个月高点的姿态，展示出上涨的趋势。1932 年 9 月，佳斯迈威公司的股票最高上涨至 33.375 美元。这是一个可以在 60 天内获得每股 20 美元收益的大机会。如果当初你有耐心再多等待 3 ~ 4 个月的话，你也可以在 10 美元或者略高于 10 美元的价位买入，并在 9 美元附近设置停损单。后来的走势证明，佳斯迈威的股票在 1934—1935 年之间，是一只适合使用高抛低吸交易法的股票，因为在这期间，它的底部和顶部一直在不断地抬高，直至 1935 年 11 月抵达最高点 99.5 美元为止。

股票完成底部吸筹需要时间，因此不要像绝大多数交易者所犯的错误那样，时刻紧盯着股票报价机，致力于买在距离最低点 0.125 点和卖在最高点 0.125 点的位置。实际上，他们根本不可能做到，而且最终都会赔得一干二净。交易原则之一，就是不要试图预测市场下一步会怎么走，应耐心地等待直至出现明确的交易信号——趋势发生改变或一个确定的买入或卖出点。不要去理会平均指数或者同板块的股票如何运行，而要紧紧盯住个股的趋势，并跟随它。

专家解读

不得不说，本章是整本书的核心。没有看过本章的趋势交易者，应该不是一个称职的趋势交易者。江恩的三本书，这本加上另外两本《江恩股市操盘术》和《江恩选股方略》都在阐述着同一个核心，即趋势交易。看过本章的交易方法，便可以很清晰地将江恩划归技术分析一派，或许这位数学老师擅长运用数字，但是先看月线或年线，后看周线和日线，已经成为技术分析类交易者在下单前的最基本行为。一开始，江恩具体阐述了什么股票适合交易，书中列出的三个特点实际上是对"交投活跃"的股票的纵深阐述。书中对于买入点和卖出点的阐述十分精辟，唯一需要向读者指出的是，本书中的"点"（point）和"美元"有时候是相通的。指数我们讲"点"，而对于个股来说，按照江恩的提法每股股价在 50 ~ 100 美元的股票，通常每一美元他都称为 1 个点。那么，我们应如何看待江恩所说的 3 个点呢？译者认为可以近似地约等于 3%。读者可以根据自身的风险喜好和承担程度来决定这一百分比，一般情况下不应超过本金的 8% ~ 10%，很多人的极限是 5%。整体而言，3% 是个无伤大雅且成功率极高的数字。有心的读者可以自行比照自己交易的股票，调整磨合出自己最佳的参数。

其实，我们大可不必纠结于"3 个点"的含义，只要大概地知道，一只股票突破前期高点之后，不会回撤到前期高点之下某一特殊的位置下方即可。然而不同的主力有不同的思路，具体到个股还需要研究其历史走势做出最佳的主力操作数字，从而将自己的利润最大化。译者担心的不是股民们不知道该在哪里设定停损单，虽然我们的交易机制里没有停损单一说，但是止损出局大家应该都明白，即跌到什么价位就认亏出局。我担心的是当股票真的跌至那个价位时，股民们能不能有勇气果断离场。很遗憾，绝大多数人没有这样的定力和勇气。于是，渐渐地，浅套变成了深套，股民最终变成了股东。

后半章所提到的价格起爆点和持有期同样很有意义。前者说价格越高股价变化越快，非常有意义。很多时候我们确实也注意到这种情况，但却没能总结成规律。后者说只要趋势不变就不离场，这一点很多人都做不到。趋势没有完结的迹象，且股价并没有到达止损位，为什么要离场？你可能会听到千奇百怪的理由，其实最根本的还是人性。如何捕捉熊市初期的领跌股和牛市初期的领涨股这两节，就是要对比指数和个股的走势，找出与指数不同步的个股或板块。很多股票软件已经具备此项功能。江恩的这个思路读者必须要借鉴。由于 A 股市场的做空机制尚未完善，所以做多与卖空同时进行这样的高手操作，读者欣赏就好。

值得一提的是江恩对 2 ~ 3 这个数字区间的热爱。反弹或者回撤不超过 2 ~ 3 天、2 ~ 3 周或 2 ~ 3 月，往往说明原来的趋势还将继续。读者也应该在自己交易的个股中注意这个周期。有人说这个时间跨度太大，2 天和 90 天相差很多。我的理解是，看月线就看 2 ~ 3 月，看周线就看 2 ~ 3 周，看 30 分钟线自然是看 1 ~ 1.5 小时了。

第六章　成交量

成交量是股市中真正的驱动力量和幕后推手，它能随时反映出供给量和需求量的增加或减少。只要是大笔的买单或卖单，无论是来自职业交易者，还是普通大众投资者，又或是来自其他股票的供给方或者需求方，每一笔都会被记录在行情报价机上和成交量记录单中。

因此，认真研究成交量的变化对判定个股趋势大有助益，尤其是当你使用多个交易原则来判定一只股票的价格所处的位置时。

通过成交量来确定个股最高点的四大原则

原则一：在任何一次长期牛市行情的末期，或者某一只股票出现快速上涨后，通常会伴随着成交量的急剧放大，这往往预示着行情已经接近尾声，或者至少会暂时告一段落。随后，股价往往会出现一波急跌，并伴随着较大的成交量。当出现次级折返反弹走势时，其成交量往往是缩小的。至此我们可以断定，这只股票已经创下了本轮行情的最后一个高点，主趋势将会转头向下。

原则二：如果一只股票在创下第二个比第一个略低的顶部后，随即陷入交投清淡的低迷期，并且在一段时间内股价维持窄幅波动，形成横盘整理走势，那么之后当这种均衡走势被突然放大的成交量打破时，就是股价将进一步下跌的信号。

原则三：在一只股票经历了几个星期、几个月甚至几年的长期下跌后，当它出现触底走势时，成交量应该减少，股价的波动区间会逐步收窄。这是一个实实在在的信号，它表明市场上的抛盘正在逐渐接近枯竭，这只股票的趋势即将发生反转。

原则四：当股市出现第一次强劲上涨后（市场趋势从熊市变为牛市时），股市将会出现一次次级折返下跌走势，并且构筑底部。正如第一次快速下跌之后会出现次级折返反弹走势一样。如果回调期间成交量减少，并且随后该股又伴随着成交量的放大重拾升势，那么就预示着该股还会继续上涨至更高的价位。

这些规则适用于普通市场，即适用于研判所有在纽约证券交易所挂牌交易的股票。无论是日线、周线还是月线走势，都可以根据这些原则进行研究。同样，这些规则也适用于研究个股的走势。

小结：一般情况下，成交量会在市场接近顶部时增加，在靠近底部时减少。但是，个别异常情况下的市场表现除外。1929 年 10 月和 11 月间的走势正是如此。当时，市场出现急速的恐慌性下跌，抵达底部时伴随着巨大的成交量，随即迅速反弹，打造了一个锋利无比的尖底。根据我们的交易原则，经过第一次快速反弹之后，总会伴随着成交量缩小的次级折返下跌走势，正如上文原则四所描述的那样。

纽约证券交易所每月成交量记录（1925—1935年）

要进一步了解成交量的重要性，就必须对纽约证券交易所的总成交量进行研究。

1921年7月和8月，在熊市的底部，整个市场的成交量大约为每月1000万~1200万股。1928年3月，整个市场的成交量第一次达到了8400万股。从那以后，市场的成交量一直很大。这主要是因为有一批股票在1928年6月的回调走势之后，重拾升势。到了1928年11月，成交量激增至1.14亿股。这一成交量在当时是史无前例的最大单月成交量。直到1928年12月，成交量仍保持在较高的水平。实际上，市场在抵达1929年的顶部之前，成交量一直维持在比较高的水平。

1929年

9月，成交量超过1亿股，平均指数抵达历史最高点386点。

10月，自1929年5月以来，平均指数首次击穿前一个月的低点。这标志着整个市场的趋势正在转头向下，接下来所有成交量的记录都被打破。10月，整个市场的成交量达到1.41亿股。

11月，市场处于恐慌性下跌的底部，成交量也萎缩至7200万股。

12月，市场成交量为8300万股。

1930 年

1 月，成交量为 6200 万股。

2 月，成交量为 6800 万股。

3 月，成交量达到 9600 万股。

4 月，由于平均指数出现了轻微的赚钱效应，成交量增加至 1.11 亿股。

5 月，月初，平均指数跌破 4 月的最低点。这是自 1929 年 11 月市场见底之后，平均指数首次跌破月度最低点。本月市场总成交量为 7800 万股，随后平均指数出现了急剧下跌走势。

6 月，成交量为 8000 万股，市场继续下跌。

7 月和 8 月，市场出现小幅反弹走势，两个月的成交量加起来为 8000 万股。

9 月，本月初开始出现轻微的上涨走势，接着开始下跌。平均指数再次创下新低，成交量为 5000 万股。

10 月，市场在这个月创下新低，个股纷纷击穿它们在 1929 年 11 月的最低点。成交量增加至 7000 万股。

12 月，道琼斯工业平均指数跌至 1929 年 11 月最低点的下方 46 点处。本月的成交量为 6000 万股。

1931 年

1 月，市场开始反弹，成交量为 4200 万股。

2 月，市场反弹至最高点，成交量为 6400 万股。这表明成交量随着反弹逐渐放大，股价在反弹中纷纷遇阻回落。我们注意到，这一反弹高点正是 1929 年 11 月时的最低点。这说明，在股票上涨过程中，当它们涨到大恐慌时期的低点时，遇到了卖盘的强力阻击。

3 月，市场从本月开始下跌，成交量为 6400 万股。市场呈现出价跌量增的局面。

4 月，成交量为 5400 万股。

5 月，成交量为 4700 万股。

6 月，市场再次出现快速下跌，成交量放大至 5900 万股，价跌量增的情况使指数创下 120 点的新低。这一点位正好是 1919 年的顶部，同时也是 1925 年 5 月的最后一个低点。本月底和 7 月初，市场出现了一轮快速反弹走势，平均指数抵达 157.5 点，但是并没有突破 1931 年 5 月的高点。

7 月，市场成交量出现枯竭，仅有 3300 万股，平均指数小幅收跌。

8 月，成交量为 2400 万股，市场仍处于交投清淡、窄幅震荡整理的走势之中，并没有形成向上突破走势。

9 月，市场开始重归活跃，成交量增至 5100 万股。然而，在成交量放大的同时，平均指数却在整个 9 月下跌了 45 点。这表明市场仍然处于极度弱势之中，而且还会继续下跌。

10 月，本月市场发生了暴跌，直接将平均指数打压至 85 点的低位，成交量为 4800 万股。

11 月，本月市场发生了短暂的反弹，平均指数于 11 月 9 日抵达此次反弹的最高点 119.5 点。市场重新回归到 1919 年的顶部，同时也是 1925 年的最后一个低点，还是前一次反弹的底部。此时的指数始终无法突破前一个顶部和旧的历史底部，这表明市场仍处于弱势之中，市场的整体趋势依旧向下。11月的成交量为3700万股，此次反弹呈现价增量跌的情况。

12月，平均指数跌至历史新低72点。成交量为5000万股。这一成交量也是自1931年9月以来的最大单月成交量。这表明仍有大量的市场抛压在持续兑现。

1932年

1月，平均指数跌至70点，月成交量为4400万股。

2月，平均指数反弹至89.75点，月成交量为3100万股，依旧是价增量跌。

3月，平均指数再次上涨至89.75点，月成交量为3300万股。随后，反弹走势宣告终结，市场重回窄幅震荡整理、交投清淡的运行格局之中。

4月，道琼斯30种工业平均指数跌破1月时的最低点70点，报收于55点的更低位，月成交量为3000万股。

5月，本月平均指数跌破1907年和1913年大恐慌时期的最低点53点，这表明指数还会进一步下跌。接着，指数跌至45点，成交量为2300万股。

6月，本月平均指数上下震荡的极高点和极低点相差10个点，而且指数再创新低，月成交量为2300万股。

7月，1932年7月8日，平均指数抵达极限低点40.5点。此时市场的成交量非常小，而且平均指数和个股都在一个非常小的区间内呈窄幅波动整理走势。这表明市场已经进入熊市的最后阶段。之后，平均指数在本月末突破了6月的最高点，正式表明市场的整体趋势开始转头向上。本月成交量为2300万股，平均指数的波幅大约为13个点。

平均指数在本月创下的历史最低点，与 1929 年的最高点相比低了 345 点，而 5 月、6 月和 7 月的成交量加起来仅有 6900 万股，这是自 1923 年以来的最小成交量，与 1929 年 9 月 1 亿股的成交量和 1929 年 10 月 1.41 亿股的成交量形成鲜明的对比。这表明市场经过猛烈的下跌，抛盘已经接近枯竭，趋势即将发生改变。在整个下跌过程中，市场被沉重的抛压压得喘不过气来，无论是交易者还是投资者，都在极力卖出自己持有的股票，因为他们担心情况会变得更糟。此处又要老调重弹了：牛市总是在悲观中开始，在狂欢中终结。所有的迹象都清楚地表明，成交稀少和窄幅波动的市场走势预示着熊市的终结，趋势一定会发生改变。

1932 年 7 月底，市场拉开了上涨的序幕。

8 月，承接 7 月底的走势，8 月市场出现了一次强有力的反弹，当月成交量为 8300 万股，比过去三个月的成交量总和还多。此时正是空头回补和聪明的投资者积极买进做多的时候。

9 月，反弹在 9 月见顶，月成交量为 6700 万股。从 7 月 8 日的最低点算起，平均指数上涨了 40 点。伴随着成交量的有效放大（从 7 月 8 日的最低点到 9 月的最高点，市场的总成交量为 1.68 亿股），本轮反弹在 9 月结束之后，市场中的获利盘纷纷套现，导致趋势转头向下。平均指数没能在第三个月继续上涨。从 1930 年 4 月到 1932 年 7 月，无论是平均指数还是绝大多数个股，都没有出现为期超过两个月的反弹走势。因此，只有当市场出现持续三个月以上的反弹时，才能确认市场趋势转变为长期牛市。

10 月，市场缓慢下跌，成交量继续减少。本月总成交量为 2900 万股。

11 月，成交量为 2300 万股。

12 月，成交量为 2300 万股。

1933 年

1 月，成交量为 1900 万股。

2 月，整个美国都陷入经济危机的恐慌中，银行纷纷倒闭。受到经济危机打击的人们，都在极力地、不计成本地抛售手中的股票和债券。伴随着企业的纷纷破产，富兰克林·罗斯福于 3 月 4 日宣誓就任美国第 32 任总统。他随即采取了一系列提振经济的措施，首先就是关闭全美国国内所有的银行。这标志着本轮次级折返下跌走势的终结，市场从此进入建设性的发展阶段。

道琼斯工业平均指数在 2 月跌至 50 点，仅比 1932 年 7 月的最低点高出 9 个点，成交量仅有 1900 万股。这是该指数 10 年来的最低成交量，而且也是市场自 1929 年 9 月见顶以来的最小月成交量。这是非常明确的底部到来的标志。

3 月，市场出现了一轮反弹，成交量随之增加。本月的成交量为 2000 万股。

4 月，美国放弃了金本位制。在这一变化的刺激下，股市和大宗商品期货出现了一轮快速上涨。本月，纽约证券交易所的成交量为 5300 万股。

5 月，市场继续上涨，月成交量达到 1.04 亿股。

6 月，成交量继续增大至 1.25 亿股。

7 月，成交量为 1.2 亿股。

从 1933 年 3 月的低点到 7 月的高点，纽约证券交易所的总成交量为 4.22 亿股。平均指数在 7 月的高点比 1933 年 2 月的低点高出 60 点。很少有人有记录股市成交量的习惯，也很少有人知道 4.22 亿股的成交量对市场来说意味着什么。实际上，这一成交量是纽约证券交易所成立以来所有牛市行情中的最大成交量，甚至比 1929 年疯狂牛市最后一波上涨的成交量还要大（从 1929 年 5 月最后一个低点开始，到同年 9 月结束，平均指数上涨了 96 点，纽约证券交易所的成交量为 3.5 亿股）。这一次，是股市有史以来最疯狂的一次抢购狂潮。大宗商品期货价格也一路飙升。人们冲进股市，不问价格便疯狂买进。让我们想象一下这个场面：三个月内（1933 年 5 月、6 月和 7 月）成交量达到 3.5 亿股，正好等于 1929 年 5 月到 9 月（五个月）的总成交量。至此，成交量给出的信号已经非常明确，股市泡沫已经形成。股票和大宗商品期货的价格一路飙涨，以至于人们为了一点微利迫不及待地买进。这种疯狂直接导致 7 月 18 日到 21 日这 4 个交易日中，指数出现了一个巨大的跳空缺口，使得道琼斯平均指数直接下跌 25 个点，跌至 85 点。同时，大宗商品期货也面临着严重的抛压，导致商品期货价格暴跌。E.A. 克劳福德博士（E.A.Crawford）就是在此时破产的，他可是大宗商品期货交易中叱咤风云的人物，据说当时他的交易金额达到了前所未闻的惊人程度。

8 月和 9 月，市场在经历了 7 月的暴跌之后，紧接着在 8 月和 9 月出现了反弹。这次反弹将平均指数推送至距离 7 月的高点只差 2 个点的高位，至此双重顶走势形成。此次次级折返反弹走势的成交量明显缩小。1933 年 8 月的成交量为 4200 万股，9 月的成交量为 4300 万股。这两个月的成交量之和只有 1933 年 7 月一个月成交量的 2/3。

10 月，道琼斯 30 种工业平均指数最低跌至 82.5 点，这是股市展开长期上涨之前的最后一个低点。成交量减少至 3900 万股，市场再次陷入交投清淡、窄幅震荡整理的格局之中。一轮慢速的反弹开始从 10 月的低点启动。

11 月，成交量为 3300 万股。

12 月，成交量为 3500 万股。

1934 年

1 月，当月成交量为 5400 万股。

2 月，成交量为 5700 万股。2 月时指数的最高点只比 1 月的最高点略高一些，平均指数也没能上涨到 1933 年 7 月的最高点上方 1 个点的位置。至此，双重顶形态成立。1 月和 2 月这两个月的总成交量为 1.11 亿股。指数第三次抵达同一水平的点位，这是市场的顶部已经形成的明确信号。个股所表现出的特征更加明显，它们纷纷在 2 月出现了成交量放大和上涨缓慢的走势，这明显预示着个股的趋势会转头向下。

3 月，成交量为 3000 万股。

4 月，市场出现小幅反弹，成交量为 2900 万股。

5 月，市场开始继续走低，成交量为 2100 万股。

6 月，市场出现小幅反弹走势，成交量减少至 1600 万股。

7 月，1934 年 7 月 26 日，平均指数跌至最低点，当日成交量差不多接近 300 万股。道琼斯平均指数跌至 85 点，这一点位比 1933 年 10 月的最低点略高。

1934年7月的总成交量只有2100万股，大部分个股都处于缩量整理、窄幅波动的走势之中。这是底部正在形成、下一个牛市正在酝酿的标志。实际上，1933年7月平均指数抵达极限高点这一事实，是在表明交易者应该关注1934年7月的市场趋势是否会转头向下。因为根据我的交易原则，我们应该观察一个趋势在整1年、整2年或者整3年之时任何重要的顶部和底部。此时正是研判市场的关键时间周期。

8月，平均指数反弹了11点，月成交量为1600万股。

9月，市场回调至距离7月的低点不到1点的位置，成交量萎缩至1200万股。这是几年以来的单月最低成交量，是市场处于底部的明确信号。

10月，本月市场出现了轻微反弹，成交量略有增加，具体数值为1500万股。

11月，月成交量增加到2100万股。

12月，指数上涨到更高的位置，成交量放大至2300万股。

1935年

1月，市场活跃度有所增加，月成交量为1900万股。

2月，本月指数抵达反弹的高点，成交量只有1400万股，这表明市场上并没有足够的买盘推动指数继续上行。

3月，市场出现大幅下跌。这是市场上涨并创下新高之前的最后一次下跌，当月成交量为1600万股。

4月，市场活跃度明显增加，股票开始上涨。月成交量为2200万股。这表明牛市行情已经展开。

5月，道琼斯30种工业股票平均指数突破1933年和1934年2月的高点，月成交量为3000万股。个股伴随着成交量的有效放大纷纷出现普涨，而且许多个股都创下新高。

6月，平均指数一举突破120点大关，这一点位是1931年11月9日的最后一个高点。这是市场还将进一步上涨的明确信号。本月的成交量为2200万股。

7月，平均指数和大多数个股都创下新高，月成交量为2900万股。

8月，越来越多的个股创下新高，平均指数再次刷新历史新高。月成交量为4300万股。这一成交量是自1934年1月和2月以来的最大单月成交量。

9月，市场继续上扬，月成交量为3500万股。

10月，道琼斯30种工业股票平均指数上涨至142点。月成交量为4600万股。

11月，成交量为5700万股。这一成交量实际上和1934年2月市场在构筑头部时的成交量一样。至此，平均指数上涨到149.5点，从1932年7月的低点算起，一共上涨了109点。指数在以11月23日为最后一个交易日的交易周中见顶，这一周的成交量为1900万股，这是截至1934年2月10日市场见顶的那一周以来，出现的最大周成交量。伴随着如此大的成交量，平均指数从1935年3月至今一共上涨了53点。根据我的交易原则，此时应留意市场的见顶迹象，以及那些经过大幅上涨的个股的趋势拐点。

12 月，市场出现了次级折返下跌走势，从 11 月的高点算起，平均指数下跌了 10 个点。当月成交量为 4500 万股。

1934 年 7 月—1935 年 11 月

从 1934 年 7 月 26 日的最低点到 1935 年 11 月 20 日的最高点，这段牛市时期的总成交量为 4.07 亿股。而在同一时期，道琼斯 30 种工业股票平均指数一共上涨了 65 点。请注意，1933 年 3 月的最低点与 1933 年 7 月的最高点之间相差 60 点。因此，平均指数在 1935 年 11 月截止的牛市行情中一共上涨了 65 点，这比在 1933 年的牛市行情中多上涨了 5 点。根据对称性原则，现在是时候观察趋势中可能出现的，至少是暂时的变化了。

请注意，在从 1934 年 7 月到 1935 年 11 月这 16 个月的牛市行情中，其总成交量大约比从 1933 年 3 月到 1933 年 7 月为期 5 个月的牛市行情少了 1500 万股。这表明，美国《证券管理法》（ *Security Administration Law* ）的颁布有效地抑制了市场的成交量。

如果你进一步认真研究美国纽约证券交易所的成交量，并观察道琼斯工业平均指数的话，你就能更精确地预测到行情的终结点。

案例：对克莱斯勒汽车公司周成交量的研究
（1928—1935 年）

研究个股时，应仔细观察其成交量的增加和减少，它在哪些点位进入缩量窄幅震荡整理格局，以及成交量放大到什么程度才能引发它急速暴涨。这些研究将会帮助你研判顶部和底部是如何形成的。下面以克莱斯勒汽车公司的股票为例具体说明。

1928 年

1928 年 1 月 21 日，克莱斯勒汽车公司的股价跌至 54.5 美元的低点；6 月 2 日，股价上涨至 88.5 美元；随后，股价一路下跌至 6 月 23 日，创下 63.625 美元的低点。在这次为期三周的下跌中，每股股价下跌了 25 美元，下跌期间的成交量合计为 101.2 万股。

随后，股价疯狂上涨了 15 周。在上涨期间，股价从未跌破过前一周的低点。克莱斯勒汽车公司的股价从底部的 63.625 美元开始起涨，于 10 月 6 日上涨至最高点 140.5 美元，在 15 周的时间内每股上涨了 87 美元，总成交量为 974.18 万股。在这次飙涨的最后两周内，成交量达到 276.8 万股。

克莱斯勒汽车公司在纽约证券交易所交易的流通股本为 448.4 万股。我们可以很容易地计算出，该股在最后一次疯狂飙涨中，换手率达到了 200%，并且在本次上涨的最后两周，换手率更是高达 50% 以上。如此大的成交量预示着该股第二次上涨的顶部正在形成。截至 10 月 6 日这一周，总成交量为 174.15 万股。这是克莱斯勒汽车公司股票历史上的最大单日成交量，接近整个流通盘的一半。

在随后的一周内，股价开始下跌，克莱斯勒汽车公司的股价再也没能涨回 140.5 的高点，并且一路狂泻至每股 5 美元才止住。如果交易者研究了这只股票的成交量，那么就会在暴跌来临之前发现预兆，就能搞清楚哪个点位是最高点，尤其是在你还掌握了其他的迹象表明该股即将下跌的时候。研究个股成交量的意义由此可见一斑。

1929—1932 年

1928 年 10 月，在克莱斯勒汽车公司的股票抵达最高点之后，恐慌性暴跌就开始了，并一直持续到 1929 年 11 月 16 日。此时，平均指数中所记录的熊市第一阶段正好结束。在此期间，克莱斯勒汽车的成交量是 2253.3 万股，相当于其总流通盘的 5.5 倍。

随后，该股在 1929 年 11 月 16 日这一周出现反弹，直至 1930 年 4 月结束。这次反弹的最高点为每股 43 美元，上涨了 17 美元，反弹期间的成交量为 391.6 万股，这一成交量几乎等于它的总流通盘。

接着，该股从 1930 年 4 月的高点一路下跌，最终于 1932 年 6 月 4 日跌至每股 5 美元时才止住。此次下跌期间，该股的总成交量为 1481.4422 万股，约合 1482 万股。

如果从 1928 年 10 月 6 日 140.5 美元的最高点算起，到 1932 年 6 月 5 日的最低点每股 5 美元为止，克莱斯勒汽车这一期间的总成交量是

4126.3622 万股，约合 4127 万股。由此推算，本轮下跌该股的换手率达到总流通盘的 10 倍。

1925—1935 年
——从每股 88 美元跌至每股 5 美元，又从每股 5 美元上涨到每股 88 美元的对比

从 1929 年 5 月 11 日的最高点 88 美元算起，到 1932 年 6 月 4 日的最低点 5 美元为止，对这段时间内克莱斯勒汽车总成交量的回顾是非常有意义的。这一成交量之所以是有意义的，是因为我们要将它和另一段走势做对比，即从 1932 年 6 月 4 日的最低点 5 美元算起，到 1935 年 10 月股价又一次上涨到 88.75 美元为止，这段时间内的总成交量。

截至 1929 年 5 月 11 日的那一个交易周，克莱斯勒汽车的股价跌破 88 美元，并且一直到它跌至 1932 年 6 月 5 美元的最低点之前，股价都没能重新回到并超越这一点位。此次下跌中，该股总成交量为 2515.4622 万股，约合 2516 万股。

从截止 1932 年 6 月 4 日那周的最低点 5 美元算起，一直到 1935 年 10 月股价再次上涨至 88.75 美元时，该股的总成交量为 3062.8 万股，约合 3063 万股。换言之，这一成交量比覆盖同一价位段（5 美元至 88 美元）的 1929 年 5 月到 1932 年 6 月之间的交易量多出大约 550 万股。我们都知道，正常情况下，以同样的价格区间来衡量，一只股票在上升时期的成交量总是会多于下跌时期的成交量。这是因为在上涨过程中，往往会有更多的对冲交易、共同基金参与的交易和主力对该股的操纵交易。实际上，

克莱斯勒汽车在这次覆盖同样价格区间的上涨交易中，成交量只比下跌交易多出 500 万股这一事实已经证明，美国证券交易委员会（Securities Exchange Commission）所采取的措施已经有效地减少了牛市行情的成交量。尤其是在从 1932 年 6 月 4 日的最低点到 1933 年 3 月的低点这段底部蓄势整理吸筹期内，股价从 5 美元上涨至 22 美元，然后又在 1933 年 3 跌回 7.75 美元，总成交量为 510.5 万股，约合 511 万股。因此，如果从 1932 年 6 月到 1935 年 10 月这段时间的总成交量中减去底部吸筹整理区的成交量，那么此次上涨的实际成交量将减少至 2500 万股，这与同一价格区间（88 美元至 5 美元）下跌过程中的成交量大致相当。

1933—1935 年

从截至 1933 年 3 月 4 日那周的最低点 7.75 美元算起，到截至 1934 年 2 月 24 日那周的最高点 60.375 美元为止，克莱斯勒汽车的股价每股上涨了 52.625 美元。这段时期的总成交量为 1521.98 万股，约合 1522 万股。这一换手率大约是该股总股本的 300%。下面，我们研究该股在牛市第一阶段的成交量，以及在随后展开的盘整派发期中该股成交量的变化，并以同样的原则来研判其他股票，判断个股的趋势是否会出现变化。

区间派发

截至 1934 年 1 月 6 日那一周，克莱斯勒汽车的股价抵达 59.5 美元的高位，接着回调至 50 美元，2 月 3 日反弹至 59.375 美元，随后在 2 月 24 日截止那周上涨至 60.375 美元。在之后的三周内，该股股价一直未能突破 2 月 3 日那周的最高点 59.375 美元和 1 月的第一次高点 59.5 美元。这至少可以表明两点：第一，该股面临严重的抛压；第二，该股确实进入了派发期。实际上，克莱斯勒汽车的股票派发价格区间在 50 美元到 60.375 美元之间，上下幅度为 10.375 美元。在这一派发区间内，总成交量为 277.63 万股，约合 278 万股，这比克莱斯勒汽车总流通股本的一半还多。这一成交量清楚地表明，在经过每股 52 美元的上涨后，克莱斯勒汽车通过至少一次快速下跌来出货，从而构筑了头部。

横盘派发

学习横盘派发这种行为是非常有趣的一件事。当一只股票出现小幅下跌后，紧接着发生了反弹，但是反弹的高度并没有达到前期的高点，此时往往会发生横盘派发行为。在股票走势图上，我们称这种走势为横盘整理走势。究其原因，是因为人们总是习惯在股价回落时买进，他们认为那时股价更便宜。但是他们并没有意识到，这只股票的整体趋势正在转头向下。

以克莱斯勒汽车为例，从截至 1934 年 3 月 3 日的那一周开始，到截至 1934 年 4 月 28 日的那一周结束，克莱斯勒汽车的股价一直在 49.25 美元到 56 美元之间震荡，期间的总成交量为 122.58 万股。这一成交量加上它在顶部整理时的成交量一共是 400.21 万股。也就是说，该股的总流通股在 10 美元的价格区间内完全换手了一遍，这当然是趋势改变的明确信号。

还有一个非常有趣的现象值得我们注意。考虑到该股在为期 51 周的上涨行情中，每股股价上涨了 52.625 美元，这个时间段几乎是一个完整的交易年。还记得我的交易原则吗？始终关注一只股票在持续某种趋势一整年后其趋势是否会发生改变。

克莱斯勒汽车经过横盘派发期后，随即展开了轰轰烈烈的下跌行情。

熊市行情（1934 年 2 月—8 月）

从截至 1934 年 2 月 24 日那周的最高点 60.375 美元算起，到截至 1934 年 8 月 11 日那周的最低点 29.25 美元，克莱斯勒汽车的每股股价总共下跌了 31.125 美元。这段期间内的总成交量为 303.39 万股，约合 304 万股。这一成交量约是克莱斯勒汽车总流通股本的 3/4，换句话说，该股在下跌期间的换手率达到 75%。与上涨时的巨额成交量对比，该股下跌（这是一次次级折返下跌走势）时的成交量显示，该股的抛压已经明显减弱，股价正在底部运行。认真研究这一底部是如何形成的，以及形成期间周成交量是如何变化的，将对我们研判个股的底部提供坚实的实践基础。我们也注意到，该股的最低点 29.25 美元，正好约是它的最高点 60.375 美元的一半。

牛市行情（1934 年 8 月—1935 年 11 月）

从截至 1934 年 8 月 11 日的那周算起，到 1935 年 2 月股价抵达 42.5 美元结束，此次反弹的总成交量为 219.65 万股，约合 220 万股，股票整体呈现价增量缩的缩量反弹走势。随后，趋势再次转头向下，克莱斯勒汽车的股价在截至 1935 年 3 月 16 日这周跌至 31 美元的低位。此处形成的底部比 1934 年 8 月形成的底部要高。本次下跌中，每股股价从 42.5 美元开始，在三周内共计下跌了 11.5 美元，成交量减少至 28.66 万股，约合 29 万股。这一成交量表明，此次下跌是该股的趋势即将发生改变（上涨）之前的最后一次下跌。特别是在该股开始下跌的第四周就出现了止跌企稳的现象，这与我们的交易原则之一——牛市中的回调走势不会超过 2~3 周——正好吻合。

第二个底部出现之后的长牛走势

从截至 1935 年 3 月 16 日那周的最低点 31 美元开始，到截至 1935 年 12 月 28 日那周的最高点 93.875 美元结束，克莱斯勒汽车的股价总共上涨了 62.875 美元。这期间的总成交量为 672.5 万股，换手率为 150%。从 1934 年 8 月的最低点 29.25 美元，到 1935 年 12 月的最高点 93.875 美元，每股价格相差了 64.625 美元，这一时间段的成交量为 892.1 万股，换手率达 200%。

现在，我们把眼光放长远，从 1933 年 3 月的最低点 7.75 美元开始，到 1935 年 12 月的最高点 93.875 美元结束，克莱斯勒汽车的股价总计上涨了 86.125 美元，总成交量为 2715.7 万股，这段时期内该股的换手率高达 600%。

当克莱斯勒汽车的股价接近 1935 年 3 月的底部时，每周的成交量平均为 7.5 万股，其中最低的一周成交量为 4.6 万股，最高的一周是截至 4 月 27 日这周，成交量为 23.5 万股。从此以后，成交量逐渐增加。从 8 月 31 日开始的那一周，该股成交量为 22.9 万股。接下来的几周，成交量分别为 23.3 万股、25.4 万股、14.9 万股和 22.3 万股。截至 10 月 19 日的那一周，成交量为 20.9 万股。截至 10 月 26 日的那一周，成交量为 20.6 万股。当天，该股报收于 88.75 美元。截至 12 月 14 日的那一周，成交量为 24.2 万股。截至 12 月 21 日的那一周，成交量为 25 万股。截至 12 月 28 日的那一周，成交量为 23.1 万股，本周该股股价最高上涨至 93.875 美元。从上面的叙述中我们可以得出这样的结论：克莱斯勒汽车的股价从低点 69 美元迅速上升到 93.875 美元，在这个过程中，成交量呈迅速放大趋势。

周线或者月线的成交量图可以告诉我们：一只股票正处于强势还是弱势运行之中；是买方占优势还是卖方占优势。我们可以据此判断出是供给方在增加还是需求方在减少，进而研判个股趋势的变化。

专家解读

成交量是研判个股趋势的重要依据之一。很多时候，通过分析成交量的变化有助于窥探出主力的真实意图。在本章中，江恩给出了确定个股最高点和底部形成的成交量的一般规律。然而，现实生活中股票的走势远比江恩所列举的四种情况要复杂得多，但是有一点迄今未变，那就是上涨必定伴随着价升量增的过程。无量空涨也不是不可能，只是此时筹码绝大部分都掌握在少数人手里，翻手为云覆手为雨地操纵大大增加了股价走势的不确定性。江恩对"量"的理解是：顶部放量意在派发，底部缩量意在抛盘枯竭。但是，读者必须要注意，顶部放量意味着下跌即将开始，就在不远处；而当缩量形成底部之后，股价往往不会立即上涨，很可能还会有数个月甚至数年的吸筹期，很多人就在这个时期耗尽了青春，买入了很多看似相当安全但却始终不能确定哪一天会上涨的股票，导致投资收入寥寥。安全，不等于赚钱。相对来说，将钱存到银行或者买国债安全系数更高。

江恩在本章中罗列了许多数字，旨在说明自己关于成交量的看法的正确性。然而，在如今的市场上，高位成交量的异常放大很多时候并不是顶部来临的预兆，股价反而会在稍后的行情中涨得更高。散户交易者在实际操作中仍要遵循简单的突破买卖原则，不臆想，不主观，遵循市场并跟随趋势。另外，虽然放量很难武断地判定为主力的派发或者对敲吸筹行为，但是缩量却是主力无法掌控的。缩量这一行为本身就透漏出太多的信息可以利用，有精力的读者还是应该多花些时间和精力在这方面，这远比查看各种数据企图依据成交回报推算出主力仓位的做法要有效得多，后者已经偏离了技术分析的正常轨道。

在本章的最后，江恩写道，图形可以告诉我们一切，尤其是周线和月线图。我相信，江恩所说的图形是包含了K线和成交量的。如果读者在阅读本章内容时感到枯燥乏味，建议多读读江恩有关区间和横盘走势的论述，很有意义。

第七章 实用交易原则

七个实用交易原则

想在股市交易中获利，就必须采用适合的交易方法，这一方法既要符合原理，又要具有实用价值。

几年前，我独创了一套实用的交易方法。从 1932 年开始，我在实际交易中对这套方法进行了检验。通过实践的检验，我对交易方法做了进一步的提升和完善。现在，我将与读者分享这套交易方法中的具体原则。

运用这套交易方法，你需要配合股票的周线走势图，从中观察股价在每一周的高点和低点，这是研判个股趋势最好的工具。当遇到交投非常活跃、股价非常高的股票时，我们可以借助日线图，并且采用同样的交易原则来判断趋势发生变化的点位、具体的买入和卖出点位，以及设置停损单的具体点位。

下面我逐一给出这些原则，并通过一个长达十年的交易实例来证明，遵循这些交易原则可以为你赚取巨额财富。

原则 1：每次交易动用本金额度的要求

想要在投机或者投资中获得成功，你必须知道开始交易所需的启动资金，以及保持继续交易需要多少资金。为了安全起见，我认为开户应遵循这样一条原则，即每交易 100 股股票，至少需要 3000 美元的本金。如果你谨遵这条原则，那么你就有可能赚钱。如果一次交易 10 股股票，则需要 300 美元的本金。

不要冒险将 10% 以上的本金投入到一次交易上。如果接二连三地遭受损失，那么就请你减少每次交易投入的资金。每次交易只投入你剩余本金的 10%。这样，你永远不会赔掉所有的本金，也就可以继续在场中进行交易、赚取利润了。

当利润增长到与你的本金数额相同时，例如你盈利 3000 美元，那么你就可以将每次的交易量提高到 200 股。但是，当你已经累积了大量的利润时，你需要在每次交易时保留更大数额的本金，用以对该次交易做出保障。

无论何时，本金安全自始至终要放在第一位。当你获取了大量利润后，为了保证资金的安全，你应该建立一个备用金账户。你可以将这些备用金存入银行的储蓄账户，也可以将其投入到第一抵押贷款（first mortgages）公司或进行金边证券投资（gilt-edged）等能够带来稳定收益的地方。

原则 2：每次交易都必须设置停损单

千万不要忘记，你所做的每一笔交易都必须设置停损单。你可以在距离买入点或是卖出点 1 个点、2 个点或 3 个点处设定停损点。在任何情况下进行首次交易时，即使股价已经非常高，买入或卖出也绝不能冒股价变动 5 个点以上的风险，或者每 100 股股票亏损不能超过 500 美元。

通常情况下，距离买入点或卖出点 3 个点的止损单在实践中是最安全的，因为止损单被触发的概率小于其他的止损单。

当一些股票经过长期上涨后，股价已经涨到很高的价位，并且价位变化非常迅速。如果你已经获得了可观的利润，那么你可以在每天最高价下方 5 个点处，或者前一天收盘价或最低价下方 1~3 个点处设定停损点。当一只股票的股价非常高时，你可以将停损点设定在每天最高价下方 10 个点的价位上。

刚开始交易时，永远不要在任何一次交易中让你的本金冒 10 个点以上的风险。5 个点的损失就是极限了。如果可能，你始终要将交易的风险控制在 2~3 个点以内。

为了保住利润，在做多个股时，一般我们会在该股每周最低点下方 1 个点、2 个点、3 个点或 5 点处设置停损单。反之，在卖空某只股票时，我们应在该股每周最高点上方 1 个点、2 个点、3 个点或 5 点处设定停损单。

原则 3：如何确定买入点

在双重底和三重底处买入股票，并且在这些底部点位下方 1 个点、2 个点或 3 个点处设定停损单。

当一只股票的股价在前期低点附近维持了 1 周、2 周、3 周或更长时间时，买入该股，并在买入点下方 1~2 点处设定停损单，绝不能在股价最低的那一周的底部下方超过 3 个点以上的价位设定停损单。

当一只股票的股价突破了前期高点 1~3 个点后，买入该股。在大多数情况下，更稳健的一种方式是在决定买入前先等待，直到股价上涨到比原来的高点高 3 个点时，才是趋势继续向上的明确信号。随后，当股价突破了前期高点 3 个点后，其回调的点位不能低于前期高点 3 个点。举例来说：如果前期高点是 50 点，该股涨至 53 点，那么在回调走势中股价就不应该再次跌至 47 点。因此，回调走势如果是从 51 点跌至 48 点，你就应该买进，并在 47 点设置停损单，也就是原来高点 50 点下方 3 点处。

当一只股票上涨至一个新的高点区域时，即当它突破了历史最高点后，通常意味着股价还会继续上涨，过去的高点区域就是安全的买入点。如果该股继续上涨，那么通常股价很少会回调至原来高点下方 3 个点处。

关注一只股票过去几年的高点，当一只股票的股价上涨至上一年高点上方 3 个点的价位时，一般都是安全的买入时机，特别是在股价回调到原来的高点或略低于原来的高点的情况下。

牛市中的回调时间一般仅仅会持续 2~3 周，随后市场就又恢复了向上的主趋势。当一只股票 2~3 周的回调即将结束时，该股会用 2~3 天的时间来构筑底部，这个底部区域就是安全的买入点。

原则 4：如何确定卖出点

当一只股票的股价处于双重顶或三重顶时，卖空这只股票，并在顶部点位上方 1 个点、2 个点或 3 个点处设定停损单。

当一只股票的股价跌破了过去行情的底部或最低点时，卖空这只股票，并在过去底部上方 1 个点、2 个点但绝不能超过 3 个点处设定停损单。最安全的方法是，一直等到股价跌至原来底部下方 3 个点时，然后在该点位附近或者等待股价出现小幅反弹的过程中卖空该股，并在原来底部上方 3 个点处设定停损单。

当一只股票跌破新低时，你应该跟随趋势向下卖空，并在前一周最高点上方 1 个点处设定停损单。然后，关注过去的底部或前一个低点的位置，当股价上涨至该点位时进行空头回补，再反手做多买进该股。

一般情况下，熊市中的反弹仅仅会持续 2~3 周。因此，最安全的做法是，在第二周或第三周即将结束的时候，卖空出现反弹的股票，并在前一周最高点上方 3 个点处设置停损单。

关注一只股票上一年的底部。当一只股票的股价跌破上一年的底部下方 3 个点时，通常情况下卖空这只股票会很安全，特别是当它反弹至原来的底部或者略高于原来的底部时。

原则 5：如何进行金字塔式交易

知道何时以及如何进行金字塔式交易，对于交易者来说非常重要。当股票的价格处于低位运行时，例如 20 美元到 50 美元之间，如果本金和保证金充足的话，你可以每隔 5 美元进行一次买进或卖出。接着，在首次交易获得了每股 5 美元的赢利后，你就可以买入或卖空另外一份，并设置停损单。这样，即使市场趋势发生逆转触发停损单，你也不会遭受任何损失。

当股价在 80 美元到 200 美元之间运行时，你最多只可以每隔 10 美元进行一次相同数量的买入或卖出操作。当进行了第一笔委托后，你应该耐心等待，直到每股获得了 10 美元的利润后，再进行下一次的买入或卖出操作。在进行了第四次或第五次金字塔式交易后，你应该减少每次交易的数量。例如：

如果你按照股价每涨 5 美元或 10 美元就买入 100 股的方式交易，并且买入总量已经累积至 500 股时，那么随后更安全的做法是股价每上涨 5 美元或 10 美元只买入 50 股。如果你最初的交易量是每次 200 股，当买入次数达到四次或五次后，你应该将每次的交易量减少至 100 股。同理，在进行卖出和卖空交易时，应该采取相反的方法。

我们只有始终跟随一只股票的主要趋势才能赚得可观的利润。千万不要在第一笔交易亏损的情况下，进行第二次或第三次买入。

永远不要摊薄损失。摊薄损失是任何一个交易者所能犯的最致命的错误。

原则 6：何时转变多空的头寸

所谓适时转换多空的头寸，我的意思是说，当你采用金字塔式交易方法买入一只股票后，趋势发生了变化，并且发出了明确的卖出多头头寸的信号，那么此时你就应该卖出多头头寸，并反手做空。举例如下。

如果一只股票的股价上涨至原来的高点每股 75 美元附近，并且在这一点位附近盘整了 1~2 周，那么此时你就应该卖出多头头寸，并且反手做空这只股票，同时不要忘了在 78 美元处设定停损单，也就是原来高点上方 3 美元处。如果这张 78 美元的停损单成交了，那么你就应该进行空头回补，并且再一次多头买进该股。因为你必须自始至终顺应趋势的变化。

在一只股票下跌时也应采用同样的方法。当趋势发生改变，进行空头回补的时机到来时，你应该再次买进做多。正如下文中我在操作克莱斯勒汽车股票时所做的那样。

原则 7：成交量

遵循本书中关于成交量的交易原则，你就可以判断出股价何时见顶、何时见底，以及股票趋势会在什么时间发生变化。

几乎每一次股价出现快速飙升，并很快创出新高时，成交量都会放大。在经历了第一次快速、剧烈的次级折返回调走势后，股价会出现一次次级折返反弹走势。此时，如果该股的主要趋势即将反转向下，那么成交量将会小于股价上涨至最后一个高点时的成交量（具体参照克莱斯勒汽车成交量的案例）。

对于一只经过长期下跌的股票，成交量的减少意味着市场上的抛盘接近枯竭，此时个股的趋势即将发生改变。

在恐慌的市场里，出现暴跌的股票往往会在底部形成时伴随巨大的成交量，随后出现一波成交量适中的反弹。但是，在随后出现的次级下跌中，成交量则会明显减少。

我们可以通过研究每只个股的成交量，进而依据各只股票的流通股总数来判断其强弱形态。举例来说：通用汽车股票的流通盘有 4400 万股，与袖珍小盘股奥本汽车和凯斯（J.I.Case）相比，它的上涨速度会更慢一些，需要花费更多的时间才能令其股价上涨 1 美元。克莱斯勒汽车的流通盘只有 450 万股，和通用汽车的 4400 万股流通盘比较起来几乎是后者的 1/10，这就不难解释为什么在 1932 年到 1935 年间，克莱斯勒汽车的股票价格波动范围要比通用汽车的大。总结一下就是：流通盘大，股价变化的速度就慢；流通盘小，股价变化的速度就快。

只有遵循交易原则的人才能获利

股市本身并没有要击垮交易者，人性的弱点致使大多数的交易者在投资中失败。我们要排除主观的臆断和猜测，买卖股票不能受希望或恐惧支配。

那些下定决心始终如一地严格遵循交易规则的人最终将会获利。你可以亲自用实践检验本书所提供的交易原则，然后在交易中运用它们。当交易规则发出买入或卖出信号后，再进行买卖。在交易规则显示趋势将会发生变化前，不要结束交易或者获利了结。如果你能始终如一地根据本书所提供的交易原则进行交易，那么你必将在股市交易中有所收获。

案例：克莱斯勒汽车公司

为了具体展示上述操作原则的使用方法，并且证明运用这些原则进行交易确实能够获利，我将给出一个遵循用这些交易原则的实例，即克莱斯勒汽车长达 10 年的交易记录。其中，买入和卖出决策均以周线走势图中的高点和低点为依据。起始资金为 3000 美元，每次交易限定为100 股，直至获利累积之后再作调整。针对克莱斯勒汽车股票的交易从1925 年 11 月 28 日为止的那周开始，在纽约场外交易市场(N.Y.Curb)进行。

下面展示的是克莱斯勒汽车的股价全景图，由于时间较长，我用七张图来完整展示它。如图 7-1 至图 7-7 所示。

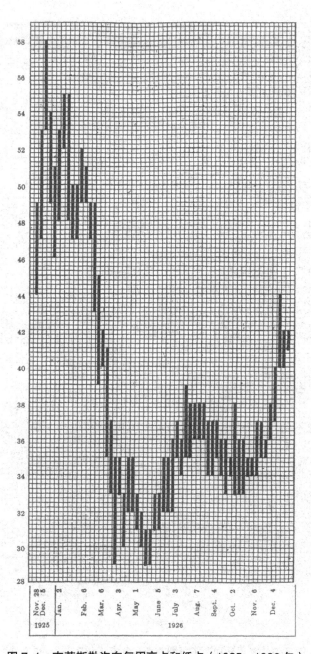

图 7-1　克莱斯勒汽车每周高点和低点（1925—1926 年）

133

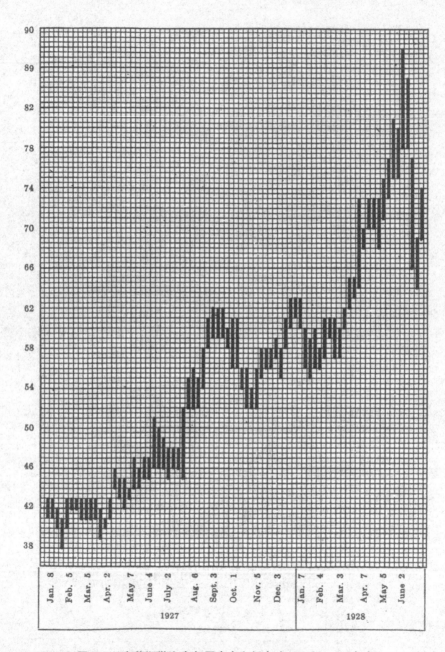

图 7-2　克莱斯勒汽车每周高点和低点（1927—1928 年）

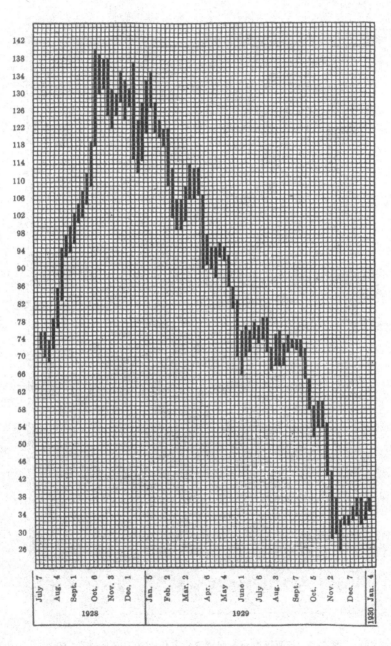

图 7-3　克莱斯勒汽车每周高点和低点（1928—1929 年）

135

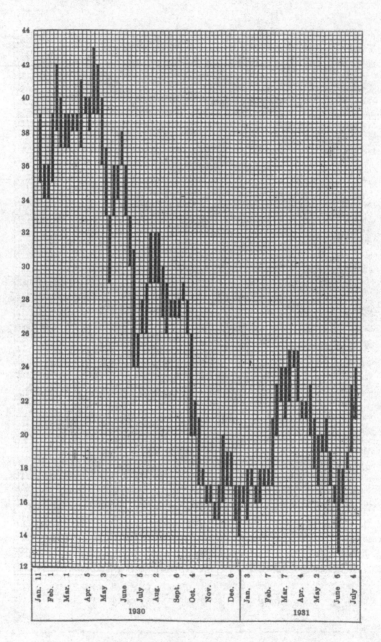

图 7-4　克莱斯勒汽车每周高点和低点（1930—1931 年）

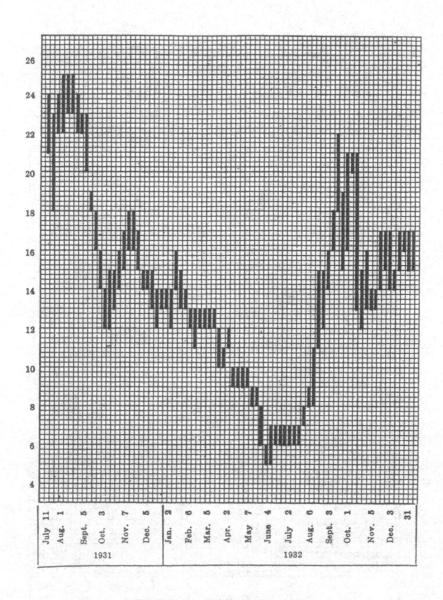

图 7-5　克莱斯勒汽车每周高点和低点（1931—1932 年）

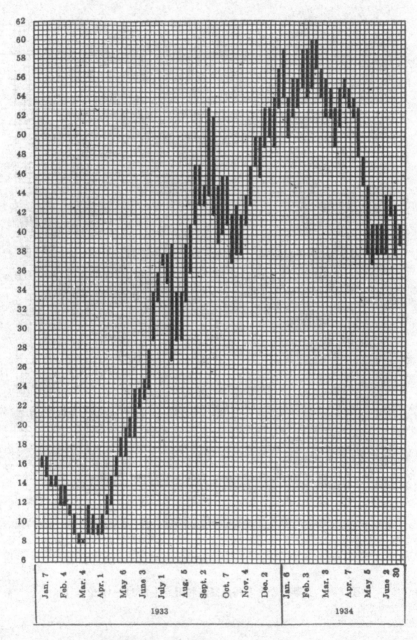

图 7-6 克莱斯勒汽车每周高点和低点（1933—1934 年）

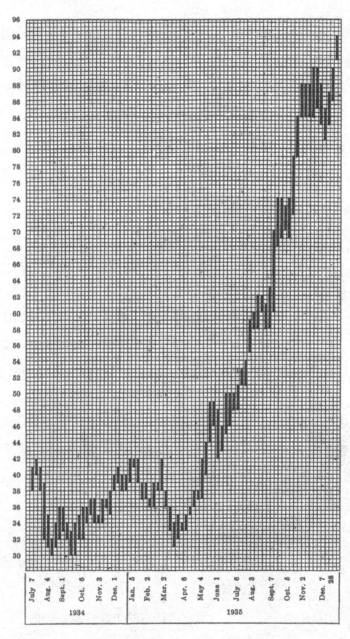

图 7-7 克莱斯勒汽车每周高点和低点（1934 年—1935 年）

1925 年

周截止日

11 月 28 日	以 46 美元买入 100 股，并在 43 美元处设置保护性停损单（开多仓）。
12 月 12 日	股价上涨至 57.75 美元，反弹只持续了三周，开始出现抛售，周末股价收报于 53.5 美元，这是该股处于弱势的信号。
19 日	以 53.5 美元卖出持有的多头仓位 100 股（平仓）。
	以 53.5 美元卖空 100 股，并将停损单设置在 56.5 美元（开空仓）。
26 日	下跌持续了两周，直到截至 1926 年 1 月 2 日的那一周才止跌。接着，市场迎来了新年反弹。将停损单的价位下移至 50 美元。最终，停损单以 50 美元成交。

1926 年

周截止日

1 月 2 日	以 50 美元买进 100 股以平仓空头仓位。
	以 50 美元买进 100 股开仓多头仓位。
9 日	股价反弹至 54.625 美元，反弹为期两周。
	将停损单的价位上调至 51 美元，即本周最低点之下 1 美元处。
16 日	以 51 美元卖出所持有的 100 股多头仓位。
	以 51 美元卖空开仓 100 股空头仓位。

23 日	股价跌至 46.5 美元。
30 日	低点为 46.75 美元，比截至 1926 年 1 月 2 日那周的底部高出 1 美元。
	设定在 48 美元进行空头回补和多头买入。
	以 48 美元买进 100 股进行空头回补平仓操作。
	以 48 美元买进 100 股开仓多头仓位，并在 45.5 美元设置停损单。
2 月 6 日	最高点为 52.25 美元，反弹仅持续了两周，并且第二个高点比前一个高点 57.75 美元低一些。连续两周的底部均为 48.5 美元。此时，将停损单的价位上移至 48 美元。
20 日	以 48 美元卖出多头仓位 100 股，停损单被触发。
	以 48 美元卖空开仓 100 股空头仓位，并在 51 美元处设置停损单。
27 日	股价击穿前期 46.5 美元的低点和 1925 年 11 月 28 日 44 美元的极限低点。这表明该股的趋势开始转头向下，此时应该加多做空仓位。
3 月 6 日	股价反弹至 44.75 美元，仍位于前期底部下方。
	以 44 美元卖空开仓 100 股，并将手中所持有的 200 股空头仓位的停损单设置在 47 美元。
13 日	本周高点为 43 美元，将 200 股空头仓位的停损单下移至 44 美元。

20 日　　　股价跌破 38 美元，即比 3 月 6 日的低点还低 1 美元。以 38 美元卖空开仓 100 股。

4 月 3 日　　本周低点为 28.5 美元，高点为 35 美元。将手中空头仓位停损单的价位下移至 36 美元。此后，该股持续整理四周，股价一直未能突破 35.25 美元。

5 月 22 日　本周低点为 29.25 美元。

29 日　　　在 29.25 美元价位继续盘整的第二周，股价始终高于截至 4 月 3 日那周的最低点 28.5 美元，该股在此构筑双重底形态。

此时，停损单应该下移至 32 美元，即仅比本周最高点高出 1 美元的地方，也就是空头回补单的位置。由于股价在前期底部 30 美元上方盘整了三周，所以在 30 美元处买进。

6 月 5 日　　停损单在 32 美元处被触发，一共成交了 300 股空头仓位。至此，卖空的 3 个 100 股每股分别获利 16 美元、12 美元和 6 美元，相当于每 100 股获利 34 美元（不包括交易佣金）。

1925 年 11 月 28 日至 1926 年 6 月 6 日：

总利润	5100.00 美元
减：佣金，利息和交易所得税	约 300.00 美元
净利润	4800.00 美元
加：本金	3000.00 美元
净资产	7800.00 美元

现在，我们已经积累了足够的利润，下面开始将每次的交易量增加至 200 股。

1926 年

周截止日

6 月 5 日　　以 32 美元买进 200 股多头开仓，停损单设定在 29 美元。

7 月 24 日　　本周高点为 39 美元。

8 月 7 日　　本周高点为 38.25 美元。

14 日　　本周高点为 38.25 美元，低点为 35.5 美元。将停损单价位上调至 34.5 美元。

28 日　　停损单以 34.5 美元成交，多头平仓。

以 34.5 美元卖空 200 股，停损单设定在 37.5 美元。

9 月 25 日　　本周低点为 32.625 美元。

10 月 2 日　　本周高点为 35.25 美元，停损单价位下移至 36.25 美元。

9 日　　停损单以 36.25 美元成交，空头回补平仓。

以 36.25 美元买进 200 股开仓做多，停损单设定在 32 美元（注：这一停损单设定得有点远，根据下周低点可知，作者这里有意为之）。

16 日　　本周低点为 33 美元。

23 日　　本周低点为 33 美元，股价一直运行在截至 9 月 25 日那周的低点 32.625 美元上方。

本周股价在底部的成交量很小，这表明市场惜售或抛盘枯竭。

12 月 11 日	伴随着成交量的放大，股价上涨突破前期高点 38.75 美元。
18 日	以 40.5 美元再次开仓做多买进 200 股。股价在本周上涨至 44.5 美元。
25 日	本周低点为 40.625 美元。将 400 股做多的头寸停损单整体上调至 39.625 美元。

1927 年

周截止日

1 月 29 日	股价下跌至 38.5 美元。此时，做多停损单被触发，以 39.625 美元卖出所持有的 400 股做多头寸。
	再以 39.625 美元卖空开仓 200 股。
	股价跌至 38.25 美元，此点位非常接近前期顶部 38.75 美元，此时你应该买进做多。
	以 39 美元空头回补，平仓 200 股空头仓位。
	再以 39 美元开仓 200 股做多买进。
3 月 19 日	股价在 43.5 美元见顶。这是该股第四次触及同一价位。既然股价始终没能回到截至 1925 年 12 月 18 日那周的高点 44.25 美元，那么这就是一个明确的卖出信号。
	以 43 美元卖出 200 股多头仓位。
	以 43 美元卖空开仓 200 股，停损单设定在 45 美元。

26 日	股价下跌至 38.5 美元，正好对应着前期 38.75 美元的顶部，形成双重底走势。 以 39 美元空头回补 200 股。 以 39 美元开仓买进 200 股，停损单设定在 35.75 美元。
4 月 16 日	股价一举突破前期顶部 44.5 美元，可是只涨到了 46 美元便停滞不前，没能高出前期顶部 3 美元，但这也是股价进一步上涨的标志。将停损单价位上调至 41.5 美元，正好是前期最高点 44.5 美元下方 3 美元的位置。停损单并没有被触发。
5 月 14 日	股价突破 46 美元，标志着价格还将继续走高。 以 46.5 美元开仓做多 200 股。
6 月 11 日	本周高点为 51.625 美元。此时我们注意到，截至 1926 年 2 月 6 日的股价最高点为 52.25 美元。 将停损单价位上调至 46.625 美元，在本周高点下方 5 美元处。
25 日	停损单被触发，以 46.625 美元卖出 400 股多头头寸。 以 46.625 美元卖空开仓 200 股。
7 月 2 日	股价下跌至 44.5 美元，即截至 1926 年 12 月 18 日那周的最高点。 以 45 美元买进 400 股以回补平仓空头仓位。 以 45 美元买进 200 股开仓多头，停损单设定在 41.5 美元。

30 日　　当股价突破截至 6 月 11 日那周的最高点后，以 53 美元开仓多头买进 200 股。

8 月 6 日　　本周最低点为 52.25 美元。

13 日　　本周最低点为 52 美元。此时，将多头仓位 400 股的停损单价位上调至 51 美元。

27 日　　由于该股创出了 1925 年全年的新高，因此以 59 美元开仓多头买进 100 股。

9 月 3 日　　本周最高点为 62.25 美元。

10 日　　本周最高点为 62.25 美元。

17 日　　本周最高点为 62.25 美元，同时伴随着巨大的成交量。此时表明该股在这一点位遇到明显的抛压。随后，该股跌破了前两周的低点，这是走势转弱的标志。

以 59 美元卖出做多头寸 500 股，平仓。

以 59 美元开仓空头头寸，卖空 200 股，停损单设定在 63.5 美元。

10 月 22 日　　本周最低点为 51.25 美元。

29 日　　本周最低点为 51.25 美元。

11 月 5 日　　本周最低点为 51.25 美元。股价正好跌至前期顶部附近，此次下跌从最高点算起总共跌去了 11.25 美元。下跌过程中成交量逐步减少，这正是底部形成的特征，也是买进的时机。

以 53 美元买进 200 股以平仓空头仓位。

以 53 美元买进 200 股开仓做多。停损单设定在 49 美元。

12 月 24 日　　股价上涨到 63.5 美元。

接下来两周的最高点都是 63 美元。当股价不能涨到 1927 年 9 月的高点 62.25 点之上 3 美元处时，这是一个好的卖点。

31 日　　本周最低点为 61 美元。将停损单价位上调至 60 美元。

1928 年

周截止日

1 月 7 日　　以 60 美元卖出 200 股多头仓位，平仓动作。

以 60 美元开仓卖空 200 股，空头开仓动作（并没有设定停损单）。

21 日　　股价下跌至 54.625 美元。我们注意到，截至 1927 年 12 月 10 日那周的最低点是 55.125 美元。股价仍在前期的顶部 52 美元上方运行，而且下跌仅持续了三周。本周收盘价为 58 美元，这是股价继续上涨的明确标志。

28 日　　以 58 美元买进 200 股空头回补，平仓动作。

1925 年 11 月 28 日—1926 年 6 月 6 日净利润	4800.00 美元
加：1926 年 6 月 6 日—1928 年 1 月 28 日净利润	11 350.00 美元
总利润	16 150.00 美元

以 16150 美元为本金

到目前为止，通过交易我们已经赚取了 16 150 美元利润，此时应该取出最初投入的本金 3000 美元。现在，我们的交易单位可以增加到每次 400 股了。我们每交易 100 股就需要有 4000 美元的本金提供保障。我们绝不能在一次交易中冒每股损失超过 5 美元的风险，而且如果我们的亏损达到本金的 10%，就必须减少每次交易的单位股数。

1928 年

周截止日

1 月 28 日　　以 58 美元买进 400 股，多头开仓操作，停损单设定在 54 美元。

2 月 18 日　　本周最低点在 57 美元左右。

　　　25 日　　本周最低点为 57 美元。

3 月 3 日　　本周最低点为 57 美元。此时将停损单价位上调至 56 美元。

　　　17 日　　股票上涨至 63.625 美元，也就是前期高点之上 3 美元处，这是股价将继续上涨的标志。

　　　24 日　　以 63.5 美元买进 400 股，再次开仓多头。我们注意到过去两周的最低点是 62.25 美元，因此将所持有的 800 股多头头寸的停损单价位上调至 60.5 美元。

　　　31 日　　创下本周最高点为 73 美元。

4 月 14 日　　本周最高点为 73 美元。

21 日　本周最高点为 73.25 美元，最低点为 70 美元，将所持有的 800 股多头头寸的停损单价位上调至 67 美元，也就是周最低点下 3 美元处。

28 日　本周最高点为 73.25 美元。本周停损单并未被触发。

5 月 5 日　股价突破最高点 73 美元，这表明它还会涨得更高。

12 日　以 76 美元多头开仓买进 400 股。将所持有的 1200 股多头头寸的停损单价位上调至 71 美元。

6 月 2 日　本周出现了一轮快速上涨，股价从 77.5 美元涨到 88.5 美元。伴随着巨大的成交量，股价创出了新高。为遵循停损单设定在最高点下 5 美元的交易原则，在股价抵达 88.5 美元后，将手中持有的 1200 股多头头寸的停损单价位上调至 83.5 美元。

9 日　83.5 美元的停损单被触发，卖出持有的 1200 股多头头寸。

以 83.5 美元卖空 400 股，空头开仓。本周最高点为 85.5 美元，因此将停损单设定在 88.5 美元。

随后，股价出现了快速下跌。

16 日　以 73.5 美元卖空 400 股，空头开仓。

23 日   本周最低点为 63.625 美元。由于仅下跌了三周，而且成交量在下跌的最后一周有所减少，再加上我们注意到截至 1927 年 12 月 24 日那周的最高点为 63.5 美元，综合推断出这是一个买点。此处适合进行空头回补和多头买进操作。

以 65 美元买进 800 股以空头回补，平仓空头头寸。

以 65 美元买进 400 股多头开仓，停损单设定在 60.5 美元，也就是前期高点 63.5 美元之下 3 美元处。

7 月 14 日   股票反弹至 76.25 美元，反弹为期三周。

21 日   股价进行了为期一周的回调，跌至 69.25 美元，然后又重拾升势。将买进的 400 股多头头寸的停损单价位上调至 68.25 美元。

28 日   以 77 美元买进 400 股，多头开仓。将一共 800 股多头头寸的停损单价位上调至 72 美元。

股价随后开始了快速上涨。

8 月 11 日   股价突破了前期高点 88.5 美元，说明股价会涨得更高（另一个理由是在此高点出现的价格回调只持续了三周）。

以 91.5 美元买进 400 股。将所持有的 1200 股多头头寸的停损单价位上调至 86.5 美元。

25 日   股价上涨至 100 美元。

9月1日　　股价回调至95.5美元，随后又上涨突破了100美元。以101美元买进400股，多头开仓。将所持有的全部1600股多头仓位的停损单价位提升至94.25美元，仅比本周的最低点低1美元。

9月22日　　本周最低点105美元，最高点为112美元，收盘价为110美元。继续将1600股做多头寸的停损单价位上调至104美元，也就是本周最低点下方1美元处。

29日　　以113美元买进200股，多头开仓。本周最低价为109.25美元。将所有1800股多头头寸的停损单价位上调至108.25美元。

10月6日　　随后股价出现了快速上涨。分别以123美元和133美元买进200股，多头开仓。

本周股价上涨至极限高点140.5美元，成交量也创下了历史纪录，达到174.1万股。这几乎相当于克莱斯勒汽车总流通股本的一半。这显然是头部形成的标志，尤其是在快速上涨的前一周，总成交量也超过了100万股。

本周收盘价为138.75美元。

停损单价位上调至133.75美元，也就是比本周收盘价低5美元的位置。

13 日　　停损单被触发，以 133.75 美元卖出所持有的共 2200
　　　　　股多头头寸。

1928 年 1 月 28 日至 1928 年 10 月 13 日毛利润	126 200.00 美元
扣除佣金、税和利息	2100.00 美元
净利润	124 100.00 美元
加 1925 年 11 月 28 日到 1928 年 1 月 28 日净利润	16 150.00 美元
总利润	140 250.00 美元

现在，你应该把 40 250 美元放进盈余账户，也就是前文所称的备用金银行储蓄账户。剩下的 10 万美元用于交易。此时，每次交易单位可提高至 1000 股。

熊市行情——起始资金 10 万美元

1928 年

周截止日

10 月 13 日　　以 133.75 美元卖空 1000 股，空头开仓，停损单设定
　　　　　　　在 141.5 美元。
　　　　　　　股价跌至 130 美元，将停损单价位下移至 135 美元，
　　　　　　　也就是本周最低点上方 5 美元处。

20 日　　停损单被触发，以 135 美元买进 1000 股以空头回补，
　　　　　空头平仓。

以 135 美元买进 1000 股，多头开仓。停损单设定在 129 美元。

股价反弹至 139.25 美元，十分接近前期顶部 140.5 美元，此时应该卖出做多头寸。

以 138 美元卖出 1000 股做多头寸，多头清仓。

以 138 美元卖空 1000 股，空头开仓。

11 月 3 日	本周最低点为 121.25 美元，持续第四周下跌，收盘价为 123.5 美元。此时，将停损单设定在 126.5 美元。
10 日	停损单被触发，以 126.5 美元买进 1000 股，空头回补平仓。 以 126.5 美元买进 1000 股，多头开仓。
17 日	股价上涨至 135.75 美元，本周收盘价为 131.5 美元。将停损单设定在 130.75 美元，即本周最高点之下 5 美元处。
24 日	以 130.75 美元卖出 1000 股做多头寸，多头平仓。 以 130.75 美元卖出 1000 股，空头开仓。
12 月 1 日	接着，股票下跌至 123.25 美元，比截至 11 月 3 日那周的底部稍高一些，将停损单设定在 128.25 美元。 停损单被触发，以 128.25 美元买进 1000 股，空头回补平仓。 以 128.25 美元买进 1000 股，多头开仓。
8 日	股价上涨至 137.5 美元，接近前期高点。

以 135 美元卖出 1000 股，多头平仓。

以 135 美元卖出 1000 股，空头开仓。

15 日   以 125 美元卖出 1000 股，空头开仓。

股价最低下跌至 112 美元，本周收盘价为 116.5 美元，

比前一周的收盘价略高，此次下跌为期两周。

22 日   以 117 美元买进 2000 股，空头回补平仓。

以 117 美元买进 1000 股，多头开仓。

1929 年

周截止日

1 月 5 日   股价上涨至 135 美元，这也是该股第二个稍低一点

的顶部。

以 131 美元卖出 1000 股，多头平仓。

以 131 美元卖出 1000 股，空头开仓。

此时开始大规模的下跌行情，趋势转头向下。

26 日   以 121 美元卖出 1000 股，空头开仓，将停损单设置

在 124 美元。

2 月 2 日   在股价跌破截至 1928 年 12 月 15 日那周的最低点

112 美元之后，以 111 美元卖出 1000 股，空头开仓。

16 日   本周最低点为 98.75 美元，收盘价为 98.75 美元。

23 日   本周开盘价为 98 美元，最低点 97.5 美元，将停损单价

位下移至 102.5 美元，也就是本周最低点上方 5 美元处。

停损单被触发，以 102.5 美元买进 3000 股，空头回补平仓。

以 102.5 美元买进 3000 股，多头开仓。

3 月 9 日　以 112 美元卖出 1000 股，多头平仓。此点位正是截至 1928 年 12 月 15 日那周的底部。

以 112 美元卖出 1000 股，空头开仓，停损单设定在 115 美元。此次反弹的高点是 114.24 美元。

连续三周的高点都在 114 美元附近。

30 日　股价击穿前两周的低点 106 美元，这预示着做空更多头寸的时机已经到来。

以 105 美元卖空 1000 股，空头开仓。将持有的 2000 股空头仓位的停损单价位下移至 110 美元。

以 97 美元卖空 1000 股，空头开仓。将持有的 3000 股空头仓位的停损单价位下移至 102 美元。

4 月 20 日　本周最低点为 87.75 美元。我们注意到，截至 1928 年 6 月 2 日那周的最高点是 88.5 美元。股价应该再次获得支撑。

以 89 美元买进 3000 股进行空头回补平仓操作。

以 89 美元买进 1000 股，多头开仓。停损单设定在 86 美元。

27 日　　　股价反弹至 96.25 美元，并没有在前期的底部 98.5
美元止跌企稳，这是股价走弱的迹象。

将停损单价位上调至 91.5 美元，此位置正是截至 4
月 27 日那周的最低点之下 1 美元处。

5 月 4 日　　以 91.5 美元卖出 1000 股，多头平仓。

以 91.5 美元卖出 1000 股，空头开仓。

18 日　　　以 85 美元卖空 1000 股。

25 日　　　以 75 美元卖空 1000 股。

6 月 1 日　　本周最低点为 66 美元。前一个低点，也就是截至
1928 年 6 月 23 日那周的最低点是 63.625 美元。由
于时隔一年形成了一个更高的低点，所以我们认为
趋势会在此发生改变。后来，该股在此点位受到支撑，
本周收盘价为 69.5 美元。将停损单价位下移至 71 美
元，也就是本周低点上方 5 美元的地方。

8 日　　　停损单被触发，以 71 美元买进 3000 股，空头回补平仓。

以 71 美元买进 1000 股，多头开仓。

7 月 6 日　　本周股价反弹至 79.75 美元。

13 日　　　本周高点和上周相同。此时将停损单设定在 73 美元，
也就是比上周最低点低 1 美元的地方。

停损单被触发，以 73 美元卖出 1000 股，多头平仓。

以 73 美元卖出 1000 股，空头开仓。

27 日　　本周最低点为 68 美元，比截至 6 月 1 日那周的最低点高 2 美元，形成一个稍高一点的底部。此时我们可以在本周末进行空头回补操作，也可以将停损单设定在 72 美元。

8 月 3 日　　以 72 美元买进 1000 股，停损单被触发，空头回补平仓。

以 72 美元买进 1000 股，多头开仓。

10 日　　本周最高点为 76.5 美元。随后股价跌至 70 美元。

9 月 7 日　　本周最高点为 74.5 美元，此高点比前一高点稍低，这是股价走弱的信号。 随后，个股出现了大规模的下跌走势。

14 日　　股价击穿三周以来的最低点 71 美元。

以 70.5 美元卖出 1000 股，多头平仓。

以 70.5 美元卖出 1000 股，空头开仓。

10 月 5 日　　以 62 美元卖出 1000 股。空头开仓。

11 月 2 日　　以 51 美元卖出 1000 股，空头开仓。

9 日　　以 41 美元卖出 1000 股，空头开仓。

以 35 美元卖出 500 股，空头开仓。

我们注意到，截至 1926 年 4 月 3 日那周的极限低点为 28.5 美元，此时应该是空头回补和买进的时机。

16 日　　股价下跌至 26 美元。以 28 美元买进 4500 股，空头回补平仓。

以 28 美元买进 1000 股，多头开仓。停损单设定在
25.5 美元，也就是 1926 年的前期最低点下方 3 美元处。

23 日   以 33 美元买进 1000 股，多头开仓。

1930 年

周截止日

2 月 8 日   本周最高点为 41.75 美元。

22 日   股价下跌至 36.75 美元。将持有的 2000 股多头头寸
的停损单价位上调至 35.75 美元。

4 月 12 日   本周最高点为 43 美元。

19 日   本周最低点为 39 美元。停损单价位上调至 38 美元。

26 日   停损单被触发，以 38 美元卖出 2000 股，多头平仓。
以 38 美元卖出 1000 股，停损单设定在 44 美元。

5 月 10 日   本周最低点为 30.5 美元，为期四周的下跌接近尾声。
本周最高点为 33 美元。将停损单价位下移至 34 美元。

17 日   停损单被触发，以 34 美元买进 1000 股，空头回补
平仓。
以 34 美元买进 1000 股，多头开仓。

31 日   本周最高点为 37.875 美元，正好触及前期底部，此
时正是卖出良机。
本周最低点为 36.25 美元。停损单设定在 35.25 美元。

6 月 7 日   停损单被触发，以 35.25 美元卖出 1000 股，多头平仓。

以 35.25 美元卖出 1000 股，空头开仓。

28 日　　以 30 美元卖出 1000 股，空头开仓。

本周最低点为 24 美元，最高点为 26 美元。成交量稀少，表明下跌已经接近尾声。

7 月 5 日　　以 27 美元买进 2000 股以回补空头，空头平仓。

以 27 美元买进 1000 股，多头开仓。

19 日　　本周最高点为 32.5 美元。

26 日　　本周最高点和上周一致。

8 月 2 日　　本周最高点为 31.5 美元，最低点为 29 美元。停损单设置在 28 美元。

9 日　　停损单被触发，以 28 美元卖出 1000 股，多头平仓。

以 28 美元卖出 1000 股，空头开仓，停损单设定在 33 美元。

9 月 27 日　　在该股跌破前期低点 24 美元之后，以 23 美元卖出 500 股。

11 月 8 日　　本周最低点为 14.5 美元，最高点为 16.25 美元。将持有的 1500 股空头头寸的停损单设定在 17.25 美元。股市经历了一年的大恐慌之后，即将迎来转机。

15 日　　以 17.25 美元买进 1500 股，空头回补平仓。

以 17.25 美元买进 1000 股，多头开仓。

22 日　　本周最高点为 20.5 美元。

接下来两周的最高点分别是 19.375 美元和 18.75 美元。

12 月 6 日　　　以 17.75 美元卖出 1000 股，多头平仓。

1928 年 10 月 13 日至 1930 年 12 月 6 日毛利率	400 850.00 美元
扣除佣金、所得税和利息等	22 150.00 美元
净利润	378 700.00 美元
加 1925 年 11 月 28 日至 1928 年 10 月 13 日以前的利润	140 250.00 美元
净利润总额	5 189 500.00 美元
扣除存入盈余账户金额	218 950.00 美元
最后用于交易的总金额	300 000.00 美元

当我们的交易本金达到 30 万美元的时候，我们应该分仓交易，同时交易 6 只活跃的股票，并给每只股票分配 5 万美元的交易额度，每次交易单位为 1000 股。为了方便起见，本例中我们依然继续使用 10 万美元来交易，只不过将每次的交易单位设定为 2000 股。

起始资金 10 万美元

1930 年

周截止日

12 月 6 日　　　以 17.75 美元买进 2000 股，多头开仓。停损单设定在 13.5 美元。

20 日　　　本周最低点为 14.25 美元，与 11 月 8 日至 15 日的低点 14.25 美元形成双重底。此时应该买进，停损单设定在 13.5 美元。

1931 年

周截止日

2 月 21 日 以 20.5 美元买进 2000 股，多头开仓。

本 周 最 高 点 为 25.75 美元。该股遇到前期底部 24~28.5 美元的阻力区，此处应该卖出。

以 24 美元卖出 4000 股，多头平仓。

以 24 美元卖出 2000 股，空头开仓。停损单设定在 29 美元。

4 月 25 日 以 19 美元卖出 2000 股，空头开仓。

6 月 6 日 本周最低点为 12.5 美元。

以 14.5 美元买进 4000 股，空头回补平仓。

以 14.5 美元买进 2000 股，多头开仓。

随后，从最低点开始出现了一轮快速反弹。

7 月 4 日 本周最高点为 24.75 美元。

11 日 本周最高点为 24.75 美元。此时应该在旧的底部再次 卖出。

以 24 美元卖出 2000 股，多头平仓。

以 24 美元卖出 2000 股，停损单设定在 27 美元。

18 日 本周最低点为 18 美元。随后出现了反弹。

8 月 1 日 本周最高点为 25.25 美元。

8 日 本周最高点为 25.25 美元。

15 日　　　　本周最高点为 25 美元。这表明 25 美元是一个多头卖出平仓良机，同时也是卖空并将停损单设定在 27 美元的做空良机。

9 月 5 日　　以 19 美元卖出 2000 股。

10 月 3 日　　本周最低点为 12 美元。

10 日　　　　本周最低点为 12 美元，正好比截至 6 月 6 日那周的最低点低 0.5 美元，此时正是空头回补和多头买进的时机。

以 13 美元买进 4000 股，空头回补平仓。

以 13 美元买进 2000 股，多头开仓，停损单设定在 11 美元。

11 月 14 日　　本周最高点为 18 美元，最低点为 16 美元。将停损单价位上调至 15 美元。

21 日　　　　停损单被触发，以 15 美元卖出 2000 股，多头平仓。

以 15 美元卖出 2000 股，空头开仓。

12 月 19 日　　本周最低点为 12 美元，此时是空头回补和多头买进的时机。

以 12.5 美元买进 2000 股，空头回补平仓。

以 12.5 美元买进 2000 股，多头开仓，停损单设定在 11 美元。

1932 年

周截止日

1 月 16 日	本周最高点为 16.75 美元，反弹持续了一周。
2 月 13 日	本周最低点为 10.5 美元。停损单被触发，以 11 美元卖出 2000 股，多头平仓。
20 日、27 日和 3 月 5 日、12 日	这四周的最高点均为 13 美元。
3 月 12 日	以 12.5 美元卖出 2000 股，空头开仓。
6 月 4 日	本周最低点为 5 美元，最高点为 7.25 美元，正好是上一周高点之上 1 美元处。此时正是底部形成的标志。由于成交量是自顶部形成以来最小的，因此这预示着市场上的抛盘已经枯竭。
7 月 2 日	本周最低点为 5.75 美元。
9 日	本周最低点为 5.625 美元。成交量依然维持在最低水平。此时正是空头回补和多头买进的时机。以 6 美元买进 2000 股，空头回补平仓。

1930 年 12 月 6 日至 1932 年 7 月 9 日毛利润	123 500.00 美元
扣除亏损、佣金、所得税和利息	13 580.00 美元
净利润	109 920.00 美元
加 1925 年 11 月 28 日至 1930 年 12 月 6 日前期利润总额	518 950.00 美元
当前利润总额	628 870.00 美元

　　当资金达到这一规模后，为安全起见，我们应该全部买进低价股，也就是价格在 30 美元、20 美元、10 美元甚至是 5 美元以下的个股，同时买进 10 000 股克莱斯勒汽车股票做长期投资，其主要目的是将资金分仓操作。但是在本例中，我们仍然继续交易克莱斯勒汽车股票，使用的本金为 25 000 美元，每次的交易单位为 2000 股。

起始资金 25 000 美元

1932 年

　　周截止日

　　7 月 9 日　　　以 6 美元买进 2000 股，多头开仓。

　　　　30 日　　　股价上涨突破过去 10 周以来的最高点，趋势转头向上。

　　　　　　　　　以 8.5 美元买进 2000 股，多头开仓。

　　8 月 20 日　　以 13.5 美元买进 2000 股，多头开仓。

　　9 月 10 日　　以 18.5 美元买进 2000 股，多头开仓。

　　　　　　　　　本周最高点为 21.75 美元，最低点为 18 美元，收盘价为 18.75 美元，这是明显的见顶标志。

　　　　　　　　　将所有的 6000 股多头头寸的停损单设定在 17.75 美元。

　　　　17 日　　停损单被触发，以 17.75 美元卖出 6000 股，多头平仓。

　　　　　　　　　以 17.75 美元卖出 2000 股，空头开仓。停损单设定在 22.5 美元。

	本周最低点为 14.375 美元。
24 日	本周最高点为 20.75 美元。
10 月 1 日	本周最高点为 20.5 美元，这一稍低一点的最高点标志着此时是卖出良机。我们应该持有空头仓位，或者卖空更多的股票。
15 日	本周最低点为 12 美元。
22 日	本周最高点为 15.75 美元。
11 月 5 日	本周最低点为 12.5 美元，股价形成双重底。此时我们应该回补空头，并且买进。
	以 13 美元买进 2000 股，空头回补平仓。
	以 13 美元买进 2000 股，多头开仓，停损单设定在 11 美元。
12 日	本周最高点为 17.375 美元。
26 日	本周最低点为 14 美元。
12 月 10 日和 17 日，以及 1933 年 1 月 7 日和 14 日	这四周的最高点都在 17 美元到 17.25 美元之间，与 1932 年 12 月 12 日这周的顶部相同，这是一个极好的卖点。我们应该积极卖出多头仓位并且卖空。

1933 年

周截止日

1 月 14 日	以 16 美元卖出 2000 股，多头平仓。
	以 16 美元卖出 2000 股，空头开仓。

3月4日	本周最低点为 7.75 美元，最高点为 9.5 美元。这一低点比 1932 年 6 月的底部稍高。在次级折返下跌走势中，这是一个极好的买点。
18 日	本周最低点为 9.25 美元，最高点为 12 美元。
4月1日	本周最低点为 8.75 美元。由于股价连续三周都在同一水平止跌，这说明股价再次获得了良好的支撑。 以 9.5 美元买进 2000 股，空头回补平仓。 以 9.5 美元买进 2000 股，多头开仓。 随后，股市在 4 月中旬展开了一轮波澜壮阔的大牛市。
5月6日	以 18 美元买进 2000 股，多头开仓。
27 日	以 23.5 美元买进 2000 股，多头开仓。 本周股价上涨突破了前期高点。
6月17日	以 28 美元买进 2000 股，多头开仓。
24 日	以 33 美元买进 2000 股，多头开仓。
7月22日	本周开盘价在 36.5 美元，随后上涨至 39.375 美元，停损单应该设定在该周最高点之下 3 美元处，也就是 36 美元。股价最终没能突破 1930 年 4 月的最后一个高点 43 美元，只比截至 7 月 8 日那周的高点高出不到 1 美元，并且伴随着巨大的成交量，这是顶部形成的标志。 停损单被触发，以 36 美元卖出 10 000 股，多头平仓。 以 36 美元卖出 2000 股，空头开仓。

以 31 美元卖出 2000 股，空头开仓。

股价下跌至 26.375 美元，不过从现在开始一直到 1935 年 12 月股价涨到最高点 93.875 美元之前，股价再也没有跌破过这个价位。此时我们注意到，过去的历史高点分别在 28.5 美元、24 美元和 26 美元。根据旧的高点正是现在的低点这一原则，此点位应该是我们空头回补和多头买进的时机。

以 28 美元买进 4000 股，空头回补平仓。

以 28 美元买进 2000 股，多头开仓，停损单设定在 24 美元。

8 月 12 日　　在股价突破了前两周的高点之后，以 36 美元买进 2000 股。

19 日　　在股价突破了 7 月的高点之后，以 41 美元买进 2000 股。

26 日　　在股价突破了 1930 年 4 月的高点之后，以 45 美元买进 2000 股。这一连串的突破表明股价还会涨得更高。

9 月 16 日　　本周最高点为 52.75 点。我们注意到，1927 年和 1928 年的底部是在 51.25 美元到 54.25 美元之间，而且 1929 年 10 月 5 日那周的最低点是 52.25 美元。因此，此时应该是股价遇阻回落的时候，应该在此刻卖出做多头寸。

此外，本周的成交量也非常大，这也是顶部的显著标志之一。

以 51 美元卖出 8000 股，多头平仓。

以 51 美元卖出 2000 股，空头开仓。停损单设定在 54 美元。

随后，股价出现了快速下跌。

23 日　以 46 美元卖出 2000 股，空头开仓。

30 日　截至 10 月 7 日和 14 日这两周的最高点在 45.5 美元到 46.5 美元之间，股价将进一步下跌，因此将停损单价位下移至 47.5 美元。

10 月 21 日　本周最低点为 36.25 美元，正好在 1933 年 7 月的最高点 39.375 美元下方 3 美元处，这是一个标准的买点。更谨慎一点的做法是继续等待，当股价的走势给出进一步证明之后再交易。

28 日　本周最低点为 38 美元。

11 月 4 日　本周最低点为 37.375 美元，表明股价确实在此点位得到了支撑。

以 38 美元买进 4000 股，空头回补平仓。

以 38 美元买进 2000 股，多头开仓。停损单设定在 35.5 美元。

12 月 23 日　在股价突破截至 9 月 16 日那周的最高点后，以 54 美元买进 2000 股，多头开仓。

1934 年

周截止日

1 月 6 日	本周最高点为 59.5 美元。
13 日	出现快速的次级折返下跌走势，股价跌至 50 美元。
2 月 3 日至 24 日	最高点在 59.75 美元到 60.375 美元之间，这表明卖压很重，顶部正在形成。考虑到该股历史上的最后一个高点—形成于 1929 年 10 月 19 日的 60.625 美元，所以此点位正是卖出和做空的机会。从时间周期上看，此时刚好是 1933 年 3 月股价见底后一整年，趋势正好发生变化。
3 月 3 日	以 59 美元卖出 6000 股，多头平仓。 以 59 美元卖出 2000 股，空头开仓。
10 日	在股价跌破前三周的低点之后，以 53 美元卖出 2000 股，空头开仓。
31 日	股价下跌至 49.125 美元，位于截至 1 月 13 日那周的低点之下，这是股价将继续下跌的标志。
4 月 7 日	股价反弹至 55.75 美元。将所有的 4000 股空头头寸的停损单设定在 57 美元。
28 日	在股价跌破前期低点之后，以 48 美元卖出 2000 股，空头开仓。
5 月 12 日	以 43 美元卖出 2000 股，空头开仓。

26 日，本周最低点为 36.5 美元，与截至 1933 年 10 月 21 日那周的低点相同。此时我们应该回补空头并且买进做多。

以 37.5 美元买进 8000 股，空头回补平仓。

以 37.5 美元买进 2000 股，多头开仓。停损单设定在 35.5 美元。

6 月 9 日　本周最高点为 44.25 美元。

16 日　本周最高点为 44 美元，最低点为 41.5 美元。股价出现了缩量反弹走势。此时应将停损单价位上移至 40.5 美元，或者直接在市场上卖出。

23 日　停损单被触发，以 40.5 美元卖出 2000 股，多头平仓。

以 40.5 美元卖出 2000 股，空头开仓。停损单设定在 45 美元。

7 月 14 日　股价反弹至 42.375 美元，随后跌破了四周以来的低点，股价跌至 38 美元。此时将停损单价位下移至 41 美元。

28 日　在股价跌破 1933 年 10 月和 1934 年 5 月的低点后，以 35 美元卖出 2000 股，空头开仓。

8 月 11 日　本周最低点为 29.25 美元，位于 1933 年 7 月 21 日的低点之上 3 美元处，股价获得支撑。我们注意到 1933 年 7 月 29 日和 8 月 5 日两周的低点都是 28.5 美元，所以此处应该是买点。

18 日　以 30.5 美元买进 4000 股，空头回补平仓。

以 30.5 美元买进 2000 股，多头开仓。停损单设定在
26 美元。

25 日和 9 月 1 日　周最高点均为 35.75 美元，正好位于 1933 年 10 月和
1934 年 5 月的最低点下方。

当股价抵达旧的底部时，我们应该卖出。

9 月 1 日　以 35 美元卖出 2000 股，多头平仓。

以 35 美元卖出 2000 股，空头开仓。停损单设定在
39 美元。

22 日　本周最低点为 29.375 美元，和 8 月 11 日的低点形成
双重底，而且此底部比 1933 年 7 月 21 日的最低点
还高 3 美元。此时正是空头回补和买进的时机。

以 30.5 美元买进 2000 股，空头回补平仓。

以 30.5 美元买进 2000 股，多头开仓。停损单设定在
26 美元。

10 月 20 日、27　最高点为 37 美元。比前期顶部和底部高出 1 美元。
日、11 月 10 日　在此期间，股价只回调至 33.5 美元，这是股价将继
和 17 日　续走高的标志。

11 月 24 日　在股价突破前期高点之后，以 38 美元买进 2000 股，
多头开仓。

12 月 29 日和 1935 年 1 月 5 日、12 日	三周高点位于 42 美元到 42.5 美元之间。我们注意到，截至 1934 年 7 月 14 日那周最后一次反弹的最高点是 42.375 美元，并且连续三周股价都没有突破这一价位，说明这是明显的卖出信号。

1935 年

周截止日

1 月 12 日	以 41 美元卖出 4000 股，多头平仓。
	以 41 美元卖出 2000 股，空头开仓。
2 月 2 日	本周最低点为 35.5 美元，这一价位既是旧的底部也是新的顶部。此时我们应该空头回补和买进。
	以 36.5 美元买进 2000 股，空头回补平仓。
	以 36.5 美元买件 2000 股，多头开仓。
23 日	本周最高点为 42.5 美元，股价第三次触及这一价位，此时我们应该卖出和做空。
	以 41.5 美元卖出 2000 股，多头平仓。
	以 41.5 美元卖出 2000 股，空头开仓。
3 月 9 日	当股价跌破最后一个低点时，以 35 美元卖出 2000 股，空头开仓。

16 日　　本周最低点为 31 美元，最高点为 34 美元，正好比 1934 年 8 月和 9 月的最低点 29.25 美元高出 1.75 美元。而且，自 2 月 23 日的顶部开始，股价仅仅下跌了三周，此时正是空头回补和买进的绝佳机会。

以 32.5 美元买进 4000 股，空头回补平仓。

以 32.5 美元买进 2000 股，多头开仓。停损单设定在 29 美元。

4 月 27 日　　以 37.5 美元买进 2000 股，多头开仓。将停损单价位上调至 35 美元。

5 月 11 日　　在股价突破旧的高点后，以 43.5 美元买进 2000 股，多头开仓。

18 日　　本周最高点为 49.5 美元。

25 日　　本周最高点为 49.25 美元。我们注意到，过去的底部都在 50 美元左右，如 1934 年 1 月 13 日那周和 1934 年 3 月 31 日那周。

根据我们的交易原则，旧的底部会变成新的顶部，所以此时应该在这些旧的底部附近卖出。

以 48 美元卖出 6000 股，多头平仓。

以 48 美元卖出 2000 股，空头开仓。

6 月 1 日　　本周最低点为 41.5 美元，股价跌至过去的顶部，此时正是空头回补和买进的时机。

以 42.5 美元买进 2000 股，空头回补平仓。

以 42.5 美元买进 2000 股，多头开仓。

股价在经历了仅仅两周的回调，下跌了 8 美元之后又重拾升势。此次跌幅小于从 42.5 美元到 31 美元的最后一次回调幅度，那时下跌了 11.5 美元。

7 月 20 日　在股价突破前期高点之后，以 53 美元买进 2000 股。将 4000 股多头头寸的停损单价位上调至 49.5 美元，也就是过去两周最低点下方 1 美元处。

8 月 10 日　本周最高点为 62.75 美元，超过 1934 年 2 月 24 日的最高点 2 美元，这标志着股价会涨得更高。我的交易原则是，当股价突破旧的最高点 3 美元，且回调幅度也不低于旧的高点之下 3 美元时，股价将会涨得更高。因此，如果克莱斯勒汽车会继续上涨，那么其不应回调至 57 美元。

24 日　最后一个低点为 57.5 美元，这是标准的买点，停损单要设定在 57 美元。现在，我们将所持有的多头头寸的停损单价位上调至 57 美元。

9 月 7 日　在股价突破前期高点 3 美元后，以 63 美元买进 2000 股，多头开仓。

以 68 美元买进 2000 股，多头开仓。

14 日　本周最高点为 74 美元。

21 日　　本周最高点为 74.75 美元。我们注意到，最后一个高点是截至 1929 年 8 月 24 日和 1929 年 9 月 14 日那周的 75 美元和 74.5 美元。因此，此价位是一个卖点。

　　　　以 73.5 美元卖出 8000 股，多头平仓。

　　　　以 73.5 美元卖出 2000 股，空头开仓。停损单设定在 75.75 美元。

　　　　同一周的最低点是 68.5 美元。

10 月 5 日　本周最高点为 74 美元，股价跌至 69 美元后又反弹至 73 美元，收盘价为 72.5 美元。

　　　　股价在 67.5 美元到 69 美元之间运行了四周，这表明这一价格区间对股价形成了良好的支撑。该股的主要趋势依然向上。此时，我们应该空头回补和买进。

12 日　　于 10 月 7 日以 72.5 美元买进 2000 股，空头回补平仓。

　　　　以 72.5 美元买进 2000 股，多头开仓。停损单设定在 68 美元。

　　　　于 10 月 11 日以 76 美元买进 2000 股，多头开仓。

19 日　　以 83 美元买进 2000 股，多头开仓。

26 日　　本周最高点为 88.75 美元，随后股价回调至 83.5 美元。

　　　　将停损单价位上调至 82.5 美元。

11月23日　　本周最高点为90美元。我们注意到，该股在1929年3月30日至4月6日间所形成的旧的底部也在90美元附近，因此，90美元附近就是一个卖点。

11月20日　　以89美元卖出6000股，多头平仓。

以89美元卖出2000股，空头开仓。停损单设定在91美元。

12月7日　　股价跌至80.625美元。我们注意到，该股在1929年7月6日至13日间所形成的旧的顶部在79.75美元，因此，80美元就是反弹的支撑线。这次下跌仅是一次维持了三周的回调，收盘价为83美元，验证了80美元价位的良好支撑。

以83美元买进2000股，空头回补平仓。

以83美元买进2000股，多头开仓。停损单设定在80美元。

28日　　股价在12月23日突破旧的顶部90美元。

于12月23日以91美元买进2000股，多头开仓。同时，停损单价位上调至87美元。

本周最高点为93.875美元，最低点为90.75美元，并以周最低价收盘。股价在创新高后以最低价收盘，这是一个危险信号。

30 日　　12 月 30 日（周一），该股开盘价为 91.5 美元，此
　　　　　时我们应该卖出和做空该股。

以 91.5 美元卖出 4000 股，多头平仓。

1932 年 7 月 9 日至 1935 年 12 月 30 日

毛利润	1 015 000.00 美元
扣除佣金、所得税及其他	17 760.00 美元
净利润	997 240.00 美元

以上我所提供的交易原则，如果能严格遵循它们进行交易，那么就
会像上面的案例那样获得丰厚的利润。但是我可以肯定，1000 个人中也
未必会出现一个人能完全彻底地遵循我的交易原则，在实际交易中按照
我所写的那样去操作。人类的天性击败了绝大多数交易者。他们经常能
够看到交易机会，却总是迟于行动。他们总是患得患失，被恐惧和希望
所左右。当他们亏损时，他们总是持有并期望有一天能解套，而不是快
速止损出局。然而，当他们获利时，他们总是毫无理由地很快获利了结，
而不是持有并等待明确的趋势变化信号出现再离场。当然，让绝大多数
交易者遵循我的交易原则也是可以做到的。

成交量的重要性

正如我在交易原则 7 中所讲的那样，认真研究股价在极限高点和极
限低点时成交量的变化，对于我们研判趋势的变化非常有帮助。

克莱斯勒汽车

截至 1926 年 4 月 3 日的那一周, 克莱斯勒汽车的股价出现了快速下跌, 最低跌至 28.5 美元。股价在本周以 291 000 股的成交量构筑底部。随后, 股价反弹至 34.75 美元, 成交量缩小到 84 100 股。接着, 股价出现了缓慢的下跌, 这次下跌持续了六周, 直到截至 1926 年 5 月 29 日那周才在 29.25 美元止跌, 周成交量为 83 000 股。这一成交量与底部 28.5 美元形成那一周 291 000 股的成交量相比, 几乎连后者的三分之一都不到。

截至 1928 年 10 月 6 日的那一周, 克莱斯勒汽车的股价上涨到 140.5 美元, 这次上涨从 63.5 美元起涨, 历时 15 周。顶部形成这周的成交量为 1 741 000 股, 是该股历史上的最大周成交量。由于成交量放大已经有一段时间了, 所以这次周成交量的天量更加明确地表明了顶部的来临。随后, 股价开始第一次快速下跌, 在截至 1928 年 11 月 3 日那周, 股价跌至 123.25 美元, 周成交量是 491 000 股。在接下来的一周, 成交量只有 305 000 股。接着, 股价在截至 1928 年 12 月 8 日那周反弹到 137.75 美元, 成交量是 1 347 000 股。虽然没有顶部形成那周的成交量大, 但是这一成交量也算是天量了。在如此大的量的堆积下, 股价仍未触及前期最高点, 这也表明在这一价位有相当多的股票易主。到了截至 1928 年 12 月 15 日那周, 股价已经下跌至 112 美元, 从距离最近的高点算起每股下跌了 25 美元, 成交量为 897 000 股。接着, 最后一次反弹开始了。到了截至 1929 年 1 月 5 日那周, 股价反弹至 135 美元, 周成交量为 554 000 股。这一成交量表明, 公众已经大量持有该股, 而且市场上买盘的力量正在减弱。

此次反弹之后, 该股步入了漫漫熊途。截至 1929 年 11 月 16 日那

周，克莱斯勒汽车的股价跌至 26 美元，周成交量为 285 000 股。到了截
至 1930 年 4 月 12 日那周，克莱斯勒汽车的股价反弹至 43 美元时，周成
交量为 409 000 股。

一个重要而鲜明的对比是 1928 年顶部股价在 135 美元到 140 美元时，
和截至 1932 年 6 月 4 日那周股价在 5 美元的底部时，这两者成交量的对比。
后者那周的成交量为 43 000 股，而且在接下来的 1932 年 7 月，该股每周
的平均成交量仅为 7800 股。当股价在底部 5 美元到 9 美元之间震荡运行时，
大约有 15 周的时间周平均成交量不到 50 000 股。这一切迹象都表明，市
场上的抛盘已经接近枯竭，可供给的股票正变得越来越少。

牛市和熊市行情的阶段划分

没有任何一只股票的走势是直线上涨或者直线下跌的。一般情况下，
每一轮牛市或者熊市行情都会经历四个阶段。但是也有例外，有时某些
行情在第三阶段就会提前结束。通过对过去行情运动的研究和对正在进
行的行情的观察，你就能够判断出一种运动会在什么时候结束，以及趋
势会在什么时候改变，尤其要注意认真观察行情的第三阶段和第四阶段。
例如，某只股票在经历了上涨、横盘和回调之后，股价又上涨到新的高
位并形成了另一个顶部。而当股价再次盘桓几日、几周或几个月，又或
者出现了回调之后，股价接下来又创出了新高，形成了第三个顶部。此
时应该密切观察第三个顶部筹码是否出现派发现象，因为这极有可能是

该股的最后一个顶部。一旦该股在新的高位形成了第四个顶部，这往往标志着股价上涨的结束。第四个顶部是最为重要的顶部，可以用来观察趋势变化的最后时刻。股价下跌时亦是如此，此时应观察下跌时股价在第三阶段和第四阶段底部时刻的变化。

交易者应该像我在本书中分析克莱斯勒汽车股票那样，分析每一只个股的各个阶段，这样才能在交易中认清趋势。

牛市行情（1926 年 4 月 3 日至 1928 年 10 月 6 日，以周截止日计算）

在截至 1926 年 4 月 3 日的那周中，克莱斯勒汽车公司的股价从 28.5 美元开始上涨，到 1928 年 10 月 6 日为止那周，股价最高涨至 140.5 美元，涨幅为 112 美元。这一轮牛市行情的四个阶段如下。

第一阶段：从截至 1926 年 4 月 3 日那周开始，到截至 1926 年 12 月 8 日那周为止，股价最低为 28.5 美元，最高为 44.5 美元，每股一共上涨了 16 美元。抵达高点之后出现了次级折返回调走势，股价跌至 38.25 美元，每股一共下跌了 6.25 美元。在随后的走势中，一直到 1927 年 4 月 16 日那周为止，股价再也没有跌破过 44.5 美元的最高点。我们的交易原则是，一定要密切关注顶部和底部到达后整一年时趋势发生的变化。此时的股价在盘整了 16 周之后，趋势在第二年再次反身向上。

第二阶段：从截至 1927 年 3 月 26 日那周开始，到截至 1927 年 9 月 3 日那周为止。股价从最低点 38.5 美元上涨至最高点 62.25 美元，每股一共上涨了 23.75 美元。在股价到达第二阶段的最高点 62.25 美元后，股价在截至 1927 年 10 月 22 日那周回落至 51.25 美元。这次次级折返回调走势为期七周，每股一共下跌了 11.25 美元。

第三阶段： 从截至 1927 年 10 月 29 日那周开始，到截至 1928 年 6 月 2 日那周为止。这一阶段该股的最低点是 51.25 美元，最高点是 88.5 美元，每股一共上涨了 37.25 美元。在股价涨到最高点 88.5 美元后，该股出现了一次次级下跌走势。这次的股价回落仅维持了三周，到 1928 年 6 月 23 日那周为止，股价跌至 63.5 美元。然而，这次下跌却是该股展开牛市行情以来的最大跌幅，甚至比上一次的涨幅每股还要多出 1.25 美元。

第四阶段： 从截至 1928 年 6 月 23 日那周开始，到截至 1928 年 10 月 6 日那周为止。这一阶段中，该股从最低点 63.625 美元开始，涨到最高点 140.5 美元结束，每股一共上涨了 77 美元。在这次上涨过程中，仅有一次价格回落超过了每股 13 美元，而且时间仅仅维持了 10 天。关于这一点，我曾在《江恩股市定律》和《江恩选股方略》这两本书中提到过，在牛市末期的疯狂上涨行情中，或者牛市的最后一个阶段中，股价将直线上升，期间只会有小幅回调，此时采用金字塔式交易策略比较稳妥。

总结一下，克莱斯勒汽车股票在 15 周之内每股一共上涨了 77 美元，在上涨出现的回调中，曾出现连续 11 周的周低点没有被跌破的情况，也就是股价连续 11 周上涨。这是明显的牛市行情接近尾声的征兆。我们注意到，在截至 1928 年 7 月 21 日那周的最低点 69.25 美元之后，每一周的最低点都要高于上一周的最低点。

顶部派发

在我另外的几本书中，我曾经提出股价在牛市的最后一个顶部，或

者是牛市中的第三阶段或第四阶段临近结束之时，都会出现火爆的交易
场面和股价大幅震荡的情况。现在我们就来研究克莱斯勒汽车周线走势
图中，该股从 1928 年 10 月 6 日为止那周到 1929 年 1 月 13 日为止那周
这段时间内的股价表现。我们注意到，在截至 1928 年 10 月 6 日那周，
该股出现了第一次急跌，股价从 140.5 美元跌至 121.25 美元。接着，该
股出现了为期两周的快速反弹，股价反弹至 135.75 美元，然后又跌至
123.25 美元。这次下跌仅持续了一周。随后的反弹持续了两周，股价在
截至 1928 年 12 月 8 日那周涨至 137.75 美元。请注意，就在这一周，股
价又跌至 114.5 美元，并且以最低价收盘。在截至 1928 年 12 月 5 日那
周，股价已经下跌至 112 美元，收盘于 116.5 美元。本周的收盘价比上
周高，预示着股票已经获得了支撑，并且将会继续反弹。后来，在该股
从 140.5 美元算起下跌了 28.5 美元，收报于 112 美元之后，出现了为期
三周的反弹，最后在 1929 年 1 月 5 日结束。股价最终反弹至 135 美元，
这一顶部略低于最高点 140.5 美元。就在同一周内，克莱斯勒汽车公司的
股价跌至 126.5 美元，并最终收报于 127.5 美元。这一走势预示着该股已
经走弱，最后的高点已经形成。在截至 1929 年 2 月 2 日的那周中，股价
跌至 109 美元。这一价格比截至 1928 年 12 月 15 日那周的最后一个低点
112 美元还低 3 美元。这是趋势将翻转向下的明确信号。随后，该股将展
开一轮漫长的熊市行情。根据我的交易原则，股价在跌破前期低点 3 个
点之后，如果股价继续走低，那么反弹不应突破前期高点之上 3 个点处。
在截至 1929 年 2 月 23 日这周，股价跌至 98.5 美元。3 月 9 日，股价反
弹至 114.25 美元，比前期低点 112 美元高出 2.25 美元，距离我的交易原

则所要求的 3 美元仅差 0.75 美元。在 3 月 9 日之后的两周内，高点分别为 113.5 美元和 113 美元。这表明在前期底部上方卖盘充足，此时正是做空良机，股价还将大幅下跌。

熊市行情（1928 年 10 月 6 日至 1932 年 6 月 4 日，以周截止日计算）

第一阶段： 从截至 1928 年 10 月 6 日那周开始，到截至 1929 年 6 月 1 日那周为止。此段期间内，该股最高点为 140.5 美元，最低点为 66 美元，每股股价一共下跌了 74.5 美元。这一阶段包含五个股价下行期或盘跌期，随后都出现了反弹，而且反弹的持续时间都没有超过四周。

第一个下行期：到截至 1928 年 11 月 3 日那周，股价急剧下跌至 121.25 美元。而在接下来截至 12 月 8 日那周，股价反弹至 137.75 美元，每股上涨了 16.5 美元。跌幅仅比涨幅多出不到 3 美元。

第二个下行期：从上一周期结束到 12 月 15 日那周为止，股价最低跌至 112 美元，一共下跌了 25.75 美元。截至 1929 年 1 月 5 日那周，股价的第二次反弹涨至 135 美元，每股涨了 23 美元。跌幅与涨幅之差与第一个下行期基本相同。

第三个下行期：从上一周期结束到 1929 年 2 月 23 日那周为止，股价跌至 98.5 美元。每股共计下跌 36.5 美元。

在截至 1929 年 3 月 9 日那周的第三次反弹中，股价上涨至 114.25 美元，每股上涨了 15.75 美元。本次涨跌幅差距开始拉大，跌势开始加速，跌幅比涨幅多出大约 21 美元。

第四个下行期：这一周期内股价先是下跌至 90 美元，截至 1929 年 4

月 20 日那周，股价跌至 87.75 美元。这也是该股下跌以来的新低。每股一共下跌了 26.5 美元。

截至 1929 年 4 月 27 日那周，股价在第四次反弹中最高涨至 96.25 美元，每股上涨了 8.5 美元。涨跌相抵，每股共计下跌了 18 美元。

第五个下行期：股价在截至 1929 年 6 月 1 日那周跌至 66 美元，每股下跌了 30.25 美元。此时，熊市的第一阶段下跌宣告结束。这一低点在之后的 16 周内都没有被打破，而且这一低点比截至 1928 年 6 月 23 日那周的低点高出 2.375 美元（符合我们上下 3 个点的原则），而后者则是当时牛市行情最后一个阶段的起涨点。

随后出现的反弹到 1929 年 7 月 13 日那周结束，股价最高反弹至 79.75 美元，每股上涨了 13.75 美元。涨跌相抵，每股共计下跌了大约 17 美元。

第二阶段：从截至 1929 年 7 月 13 日那周开始，到截至 1929 年 11 月 16 日那周结束。克莱斯勒汽车的股价从最高点 79.75 美元跌至最低点 26 美元，股价下跌了 53.75 美元。

该阶段的第一次下跌将价格带至 67.25 美元，截止到 1929 年 7 月 27 日这周，一共下跌了 12.5 美元。

接着发生了第一次反弹，反弹在截至 1929 年 8 月 10 日那周结束，股价上涨至 76.5 美元，一共上涨了 9.25 美元。

到了 9 月下旬，克莱斯勒汽车的股价击穿了原来的两个底部 66 美元和 63 美元。这预示着该股将进一步下跌。

该阶段的第二次下跌来势迅猛而且惨烈，截至 1929 年 11 月 16 日那周，股价已经跌至了极限低点 28 美元。从上一次的反弹高点算起，本次下跌共跌去了 41.5 美元（注：股价跌去了三分之二，跌幅十分巨大）。

第二次反弹的高点为 43 美元，时间截止到 1930 年 4 月 12 日那周。自此以后便展开了熊市的第三阶段。从最低点 26 美元算起，这次反弹共上涨了 17 美元。

第三阶段：从截至 1930 年 4 月 12 日那周开始，到截至 1930 年 12 月 20 日那周结束。在此次下跌期间，股价最高点为 43 美元，最低点为 14.125 美元，共计下跌了 28.75 美元。这一阶段的反弹幅度较小，究其原因是该股经历了长期的下跌，已经处于极弱走势之中。这一阶段股价的第一次反弹累计上涨了 7.375 美元；第二次反弹累计上涨了 8.375 美元；第三次反弹累计上涨了 6 美元。每次反弹都伴随着下跌。到 1930 年 12 月 20 日那周为止，股价跌至 14.125 美元的阶段性底部。此后，该股展开了反弹，到 1931 年 3 月 14 日那周为止，股价反弹至 25.75 美元，一共上涨了 11.625 美元。从这一点开始算起，熊市的第四阶段开始了。

第四阶段：从截至 1931 年 3 月 14 日那周开始，到截至 1932 年 6 月 4 日那周为止。在此期间，克莱斯勒汽车股价的最高点为 25.75 美元，最低点为 5 美元，股价累计下跌了 20.75 美元。

此阶段中的第一次下跌到 1931 年 6 月 6 日结束，股票跌至 12.5 美元，共计下跌了 13.25 美元。接着出现的反弹到 1931 年 8 月 1 日那周结束，股价上涨至 25.25 美元，共计上涨了 12.75 美元。涨跌幅几乎相当。

第二次下跌时间到 1931 年 10 月 10 日那周结束，股价跌至 12 美元。接着该股出现了反弹，到 1931 年 11 月 4 日那周股价反弹至 18 美元，一共上涨了 6 美元。

从这一点开始，股价开始稳步下跌，期间出现的反弹十分微小，几乎可以忽略不计。截至 1932 年 6 月 4 日那周为止，股价跌至最低点 5 美元。这是熊市的最终一轮抛盘，交易者正在不计成本地全盘抛出。至此，从 1928 年 10 月 6 日的最高点 140.5 美元算起，克莱斯勒汽车的股价每股一共下跌了 135.5 美元。

1932—1935 年牛市

第一阶段： 从截至 1932 年 6 月 4 日那周开始，到截至 1932 年 9 月 10 日那周结束。在此期间，克莱斯勒汽车股票的价格最高为 21.75 美元，最低为 5 美元，每股共计上涨了 16.75 美元。

在熊市结束的 1932 年 6 月 4 日那周，股价最低跌至 5 美元。此后，该股便在 5 美元到 8 美元之间震荡整理，为期 10 周。接着，股价开始上涨。到 1932 年 9 月 10 日那周为止，股价上涨到 21.75 美元，每股共计上涨了 16.75 美元。

第一次回调到 1933 年 3 月 4 日那周为止，股价跌至 7.75 美元，每股共计下跌了 14 美元。

第二阶段： 从截至 1933 年 3 月 4 日那周开始，到截至 1933 年 9 月 16 日那周结束。在此期间，该股最高价为 52.75 美元，最低价为 7.75 美元，每股共计上涨了 45 美元。

在此期间，克莱斯勒汽车股票在 7 月 17 日至 12 日期间，发生了一次为期 4 天的快速下跌，股价从 39.375 美元跌至 26.25 美元，每股共计下跌了 13.125 美元。

在股价抵达本轮上涨的最高点 52.5 美元之后，该股随即展开了一轮次级折返下跌走势。截至 1933 年 10 月 21 日那周为止，股价下跌至 36.25 美元，每股共计下跌了 16.5 美元。

第三阶段：从截至 1933 年 10 月 21 日那周开始，到截至 1934 年 2 月 24 日那周结束。在此期间，该股的最低点为 36.25 美元，最高点为 60.375 美元，股价上涨了 24.125 美元。

在前文中，我曾经讲过应重点关注一整年这样的时间点。此时，克莱斯勒汽车股价的最高点 60.375 美元比一年前的最低点 7.75 美元，高出 52.625 美元。因此可以判断，在这一时间节点，趋势极易发生变化。

该股在抵达最高点之后，随即出现了下跌回调走势。截至 1934 年 8 月 11 日那周，股价跌至 29.25 美元，一共下跌了 31.125 美元。至此，股价陷入盘整。截至 1934 年 9 月 22 日那周，股价跌至第二个底部 29.375 美元，和上一个底部形成了双重底走势。此时正是买入点。

第四阶段：从截至 1934 年 9 月 22 日那周开始，到截至 1935 年 1 月 5 日那周结束。在此期间，该股最低点为 29.375 美元，最高点为 93.875 美元，共计上涨了 64.5 美元。

在该股的第一次恢复性上涨过程中，股价分别在 1935 年 1 月 5 日和 1935 年 2 月 23 日那两周抵达上涨高点 42.5 美元，共计上涨了 13.25 美元。

从 1935 年 2 月的最高点算起，到 3 月 16 日那周出现最后一个最低点为止，克莱斯勒汽车的股价在这次回调走势中跌至 31 美元，每股共计下跌了 11.5 美元。

通过对 1934 年 8 月到 9 月间的最低点和 1935 年 3 月的最低点的形成过程的研究，很容易发现这是一个很大的累积上涨动能的区间。

　　该股最后一次大规模的冲刺上涨开始于 31 美元，这期间发生了五次小规模的回调走势，具体情况如下。

　　第一次回调：到 1935 年 5 月 18 日那周为止，股价最高涨至 49.5 美元，上涨了 18.5 美元。随后股价回调至 41.625 美元，下跌了 8 美元。这次回调的幅度比最后一次回调的幅度 11.5 美元要小。

　　第二次回调：到 1935 年 8 月 10 日那周为止，股价最高涨至临时性高点 62.75 美元，一共上涨了 21.125 美元。之后，股价在截至 1935 年 8 月 24 日那周，回调到 57.625 美元，仅下跌了大约 5 美元。

　　第三次回调：到 1935 年 9 月 21 日那周为止，股价最高涨至临时性高点 74.75 美元，一共上涨了 17.125 美元；之后股价回调到 68.5 美元，仅下跌了 6.25 美元。

　　第四次回调：到 1935 年 11 月 16 日那周为止，股价上涨至临时性高点 90 美元，这是本阶段的最后一次上涨，一共上涨了 21.5 美元。之后，为期三周的回调使得价格在截至 1935 年 12 月 7 日那周，跌至 80.625 美元，一共下跌了 9.375 美元。

　　第五次回调：到 1935 年 12 月 28 日那周为止，股价最终上涨至 93.875 美元的顶部，一共上涨了 13.25 美元。之后，该股展开了轰轰烈烈的次级折返下跌走势。

波段交易是最佳获利方法

　　一般情况下，与长期持有一只股票相比，波段交易总是能够获得更多的利润。通过研究活跃股票的波动情况很容易证明这一点。如果一个人能从振幅仅为 8 美元或更多的股价波动中，赚取整个振幅 25% ~ 50% 的利润，这将比任何其他交易方法所能赚取的利润要多得多。以下的股价记录就能证明这一点。

从 1925 年 11 月的最低点 28.5 美元算起，到 1928 年 10 月的最高点 140.5 美元结束，克莱斯勒汽车股票的价格波动范围为 112 美元。在此期间，克莱斯勒汽车股票有 12 次波动幅度在 8% 或更多，总计波动 291 美元。这些波动中仅有一次幅度为 8 美元，一次幅度为 9 美元的波动，其余的波动范围从 11 美元到 77 美元不等。最大的一次波动为上涨 77 美元，上涨期间的回调幅度没有超过 8 美元。这种类型的运动适合金字塔式交易法，是赚取巨额利润的好机会。

现在，假设你能够从这些运动中获取整个振幅 50% 的利润，那么整个 291 美元的振幅中你就能赚取 145 美元利润，而不是你持股不动所获取的 112 美元利润。采用我在前文中所展示的金字塔式交易法，你就可以获取巨大的利润。

从 1928 年 10 月的最高点 140.5 美元开始，到 1932 年 6 月的极限低点 5 美元为止，克莱斯勒汽车股票的股价波动幅度为 135.5 美元，其中包括 28 次 8 美元或以上的波动。这些波动的总幅度为 476 美元。在总共的 28 次波幅超过 8 美元的波动中，仅有 5 次幅度在 8 ~ 9 美元，其他的波幅都在 11 美元到 37 美元不等。如果我们能够把握每次波动中总振幅的 50% 的利润，就可以获取 238 美元的利润，而不是一直持有仅能获取的 135.5 美元利润。

从 1932 年 6 月的最低点 5 美元算起，到 1935 年 12 月的最高点

93.875 美元为止，克莱斯勒汽车股票的最低点和最高点之间相差 88.875 美元。这期间一共有 17 次股价波动幅度达到 8 美元或者以上，其中仅有 2 次波动幅度为 8 美元，其余股价的波动范围从 11 美元到 48 美元不等。这是一个适合采用金字塔式交易法的走势。所有这些波动幅度累积起来一共是 309 美元，相比股价变动的范围仅为 88.875 美元来说，幅度巨大。如果你能把握每次波动幅度中的 50%，那么就可以获得 154.4 美元的利润，几乎是 88 美元股价变动利润的两倍。

从 1925 年到 1935 年，在克莱斯勒汽车股票的所有波动中，达到或者超过 8 美元的波动次数为 57 次，所有波幅的总和为 1076 美元。这意味着每次波动的幅度平均超过 19 美元。因此，根据这一数据，如果每次在克莱斯勒汽车的股票从底部上涨 10 美元后买进，并不采用金字塔式交易法，这样你每次每股大约能获利 10 美元（因为平均波幅超过 19 美元）。同理，你每次在该股下跌 10 美元后开始卖空该股，如果不采用金字塔式交易法，平均每次每股可以获利 10 美元。

这一事例充分证明，交易者应该更加关注股价的波动，而不是长期持有和公司的分红事宜。与长期持有并分红相比，波段操作往往能获取更大的利润。

对克莱斯勒汽车和其他公司的股票研究表明，如果股票交投活跃，并且股价在 40 美元到 100 美元或者更高价位之间波动时，任何一次从底部上涨了 10 美元或者从顶部下跌了 10 美元的波动，都预示着该股的趋势将会发生改变，而股价会朝着趋势改变的方向走得更远。

专家解读

在本章中，江恩给出了具体而实用的交易原则和交易步骤。相信很多读者在看到原则的时候立马精神抖擞起来，交易者喜欢原则是因为原则中有他们所追寻的"圣杯"。同样地，交易者敬畏原则是因为原则很难被遵照执行。这里有必要说说江恩提出的交易七原则。

第一是本金，散户喜欢全仓进出，满仓持有，赚就赚个天昏地暗，赔也赔个七荤八素。不过度交易，这是原则。江恩的意思是，一定要记住，你首先要活着。这和巴菲特的原则极其相似。

第二是止损，忽略这一条无异于开车不系安全带，不出事则已，一出事要命。

第三是双重底或三重底的买入点，如果理解上没有偏差的话，江恩更倾向于突破买卖，也就是突破底部的颈线位才开始行动。

第四是卖出点，即公认的双重顶或者三重顶。这条原则本身没有什么错，然而就事实而言，完美的趋势交易者应当在突破趋势线后再卖出。

第五是分仓，等分资金然后阶梯买入。如今，这种方法已经被多次开发和改进。究其方法而言，我更关注执行。人们往往会这样想，既然我知道它要上涨，为什么不在第一次买入时就买够呢？说到底，还是交易者自以为已经完全确定了该股的走势，而事实上并不是。所以说，分仓交易相对来说保障了资金的安全。

第六是多空转换，此条原则仅对能够融资融券的A股交易者有效。

第七是成交量，遵循的依然是前文中提到过的原则，顶部放量，底部缩量，不同的是江恩给出了自己的操作偏好——小盘股。

只有遵循交易原则的人才能获利，这一点我很赞同。在看过了江恩靓丽异常的交割单后，相信很多读者都会跟我一样有以下几点思考。第一，买卖点的判断，是事前决策还是事后看图给出。第二，原文中多笔交易并没有设定停损单，而且不少停损单的设定和江恩自己的原则相左，这很容易让读者猜测买卖点是事后看图给出的。但是江恩就是江恩，我们相信这绝不是事后的罗列。第三，股票的选择原则——活跃！克莱斯勒汽车是不是当时非常活跃的股票，还有没有更好的标的，如奥本汽车，盘子更小，弹性更好，更符合江恩的第七条原则。第四，由于排版的原因，很容易让读者误以为动辄几周甚至几个月的等待，只不过是今天和明天一样近。江恩忽略了最重要的因素，即读者真正参与交易时是否有这样的耐心，以及在如此漫长的等待期间，交易者会不会违背交易原则去追逐更加活跃的股票。第五，江恩所处的市场能够双向交易，但 A 股市场只能单向交易。第六，每一年的盈利并不均衡。1925—1928 年，三年时间利润翻了 5 倍；1928 年一年时间利润翻了 10 倍；1929—1930 年熊市利润接近 4 倍，这在目前的 A 股市场不可能实现。1930—1932 年利润增长 1 倍；1932—1935 年，本金从 25 000 美金增长到 1 015 000 美金，不到三年时间盈利 40 倍！这还是在将收益一次次存进盈利账户以后只拿出一部分进行交易的情况下。或许江恩想向读者传递这样一个信息：机会来了就要大胆出去，否则应该就修整和充电。

综上所述，译者对这份靓丽的交割单极为仰慕。读者应该从这些交易数据中汲取的内容包括：第一，入场的淡定；第二，客观判定趋势的从容；第三，犯了错误从容砍仓的平静；第四，如何确定止损位，以及分配仓位的冷静。倘若 A 股市场中有人以某只活跃股的走势来做一个过去十年的交割单，成绩能否比江恩靓丽，这是一个非常有意义的话题。读者还是应该从这份交割单中看到买进、卖出、加仓和止损的操作技巧，但最重要的还是耐心。

另外，本章中所有的 "point" 应该都是以美元为单位，故而全部译为美元。

第八章　股票市场的未来

我在 1923 年写作《江恩股市操盘术》一书时曾经说过，化学、航空和无线电类股票将会是下一次牛市的领涨股。后来，在 1924—1929 年的大牛市中，它们真的做到了。这三类股票的涨幅在市场最大涨幅榜中名列前茅。

1930 年 4 月，我写完了《江恩选股方略》一书。当时，我在"未来的股票"一章中就说过，化学、无线电、航空和电影类股票将成为未来牛市的领涨股。这一预言已经被证实。无线电"B"（Radio "B"）在 1932 年的股价仅为每股 3 美元，到了 1935 年 12 月，该股已经涨到每股 92 美元的高位。联合航空（United Aircraft）在 1932 年的股价为每股 6.5 美元，后来涨至每股 46.875 美元。联合化学公司（Allied Chemical）的股价在 1932 年是每股 42.5 美元，到了 1933 年，该股股价已经涨至每股 173 美元。空气压缩（Air Reduction）公司的股价在 1932 年为每股 30.875 美元，到 1935 年已经涨至每股 171 美元。在本书中，我将介绍如何轻松地挖掘出那些能够发展成早期领涨股的股票，当其他股票仍在进行窄幅震荡整理甚至在牛市中下跌时，它们已经大幅上涨。

在《江恩选股方略》一书的第九章，我曾写下这样一段话。

大众投资者在 1915—1916 年汽车股大幅上涨时了解了汽车类股票，并且在 1919 年汽车股再次大涨之际加深了对该类股票的认识。然而，直到 1924—1929 年，人们才开始大量买入汽车股，而且比以往买入任何一类股票的数量都要多。这直接导致汽车股出现超买现象，绝大多数汽车类股票都被严重高估了。这些汽车类股票不断地分红扩股，导致在经济大萧条期间无力支付红利和支撑如此高的股价。因此，汽车股将成为未来熊市中最大的做空对象。

这一预言得到了充分的现实验证。奥本汽车在 1929 年的最高点时股价是 514 美元，1930 年 4 月的股价是 263.75 美元，1931 年 4 月的股价是 295.5 美元，而到了 1935 年 3 月至 4 月，股价竟然跌至 15 美元；克莱斯勒汽车在 1928 年 10 月的最高点时股价是 140.5 美元，1930 年 4 月的股价是 43 美元，而到了 1932 年 6 月，股价仅为 5 美元，每股股价共计下跌了 135.5 美元；通用汽车在 1930 年 4 月的最高点时股价是 54.25 美元，而到了 1932 年 6 月，股价已经跌至 7.625 美元。这些股票的下跌都足以证明我在 1930 年说过的话——汽车股将成为未来熊市中最大的做空对象。

在《江恩选股方略》一书中，我还写了以下内容。

投资者的恐慌

大约每隔 20 年就会发生一次股市恐慌或者严重的经济萧条。这直接导致投资者在低位不计成本地抛售股票。究其原因，还是股市的长期下跌，投资者丧失信心所致。购买力不断下降，而投资者仍在大肆抛售手中的股票，这就导致股价越来越低，直至银行催缴对高评级股票的贷款，最终的结果是股价伴随着巨大的跳空缺口下跌或者急剧暴跌。这种情形在 1837—1839 年、1957 年、1873 年、1893 年、1896 年、1914 年、1920—1921 年都出现过。1929 年的恐慌并不是投资者的恐慌，而是赌徒的恐慌。

从表面上看，不同的恐慌有着各自不同的起因。但是究其本质，导致这些恐慌的根本原因在于货币资本市场。在经济繁荣时期，银行总是处于一种贷款过度的状态，这直接导致在大恐慌或者大萧条来临之际，银行迫于本金损失的压力而追讨贷款，投资者为了还贷不得不卖出股票，市场恐慌进一步加剧。大多数银行家在经历了长期的经济繁荣期后，都会变得过于乐观。但是，在长期的股市下跌和经济萧条之后，他们又会变得过于悲观，害怕发放贷款。这些都是人类的本性所致。实际上，在经济萧条或者恐慌期，银行家们非但没有发放新的贷款，反而在追讨旧的贷款，再加上媒体的不实报道，使得原本糟糕的形势变得更糟。新闻报纸就是这样，它们善于夸大事实。在经济繁荣时期，它们的乐观论调将繁荣描绘得接近极致；而到了萧条期，它们又往往会将实际的严峻经济形势描述得更加糟糕。

当然，在所有这些恐慌时期，肯定有一些股票经纪人和银行已经看到了经济恐慌的各种征兆，但是他们从不愿意将这些征兆通知他们的客户。这样一来，投资者就必须停下来，自己去观察去聆听。他们不能再依赖于经纪人和银行，而必须独立进行思考，进而在适当的时间离开市场。因为历史经验告诉他们，越是在至关重要的时刻，经纪人和银行的建议越不能采信。

即将到来的投资者恐慌将是有史以来最严重的一次。因为全美目前至少有 1500 万～2500 万投资者手中持有那些业界领军公司的股票。当他们在股市中经历了几年的下跌之后，内心将越发恐慌，到那时，他们抛售股票的意愿将会十分强烈，以至于市场中没有买盘能够如此巨大的抛压。与此同时，人们还有另外一个误区。他们认为，由于这些股票被分散地持有在众多投资者手中，基本上处于平均分布的状态，这样股价就不会出现明显的下跌。这种误解导致在 1929 年市场恐慌开始之后，人们仍然坚信市场正处于"防恐慌"（panic-proof）状态，股市根本不会受到影响。这是典型的外强中干的表现。所有这些都表明，公众投资者永远不可能成为优秀的市场领导者。因为他们的内心非常敏感，情绪很容易受到影响。相反，如果股票都掌握在少数坚定的投资者手中，那么投资者和国家反而会比较安全。但是，当这些股票分散在成千上万无组织、无领袖的公众投资者手中时，情况通常会变得非常危险。聪明的投资者会在危机来临之前卖出股票，而公众投资者会一直满怀信心和希望地持有股票，盼望着股价能涨回去。所以一旦陷入恐慌，几乎所有人都会毫无理智地在无人买进的时候进行抛售，这样必会直接导致市场混乱。这正是造成 1929 年恐慌的原因。当时，投机者和赌徒们都陷入了恐慌，在同一时间疯狂抛售手中的股票。

人们对金钱的贪婪和渴望将会导致下一次恐慌，而对金钱的狂热欲望还会成为下一次战争的导火索。"战争是地狱！"你可能会问，战争和股票又有什么关系呢？战争的爆发一定会引发恐慌，战争的来临也就意味着股市恐慌的来临。而这一次，股市的恐慌可能会进一步引发战争。人们通常会犯这样的错误，他们会对一个概念产生错误的理解，或者会引用错误的事例来阐述概念。人们总说"金钱是万恶之源"。他们以为这句话引述自《圣经》，但是他们错了，因为《圣经》中说的是"贪财是万恶之源"。事实上，人类对金钱的贪恋和对权利的热衷是所有战争的根源，这一点已经被历史所证明。此外，以往发生的每一次金融危机和经济萧条，都源于人们对金钱的贪恋。即将到来的恐慌将是史无前例的大恐慌，因为美国比以往任何时候都更有钱，这自然会导致更多因金钱而引发的斗争。一旦人们发现金钱正在从自己身边溜走，他们会不惜一切代价来挽回损失。

历史记录表明，1931—1932 年的股市恐慌是纽约证券交易所有史以来最大、最严重的一次下跌。这一预言是基于我的掌握时间因素理论（Master Time Factor）。通过该理论，我能够提前几个月甚至几年就确定时间周期会在何时重复出现，以及何时会出现最高点和最低点。这足以让任何人相信，我的推断都是以数学为基础推断出来的，投资者完全可以据此来判断股市的未来走向。

交易商和投资者如何被愚弄——过去篇（1930—1932 年的大恐慌）

交易商和投资者在这次史无前例的大恐慌中损失惨重，皆因他们听信了其他对市场一知半解的人的蛊惑，那些人实际上并不比他们更懂得市场，而且他们判断行情都是基于一厢情愿的猜测。许多所谓的精明的经济学家断言，1929 年 11 月市场形成的底部将不会被击穿，而本轮下跌已经纠正了市场的所有错误，牛市即将展开。事实当然并非如此，而这并不是他们第一次犯这样的错误。实际上，在 1930 年、1931 年和 1932 年市场的最低点时，他们也讲过同样的话。然而，当市场真正的底部来临的时候，他们却噤若寒蝉，因为他们被市场愚弄的次数实在是太多了。由于他们没有充分地研究过股票市场的历史，所以他们不可能知道，当史上最大的一波上涨在 1929 年见顶之后，必然要经历史上最大的恐慌。市场必须要经过长期的下跌才能彻底消化公众大量抛售的股票。

我们常常看到这样一种状况，每一次股市见底时，报纸、政府官员和经济学家都会跳出来说，这是最后一个底部。但是股市却继续下跌，击穿；又下跌，又击穿；再下跌，再击穿……直至人们失去了所有的信心和希望，完全绝望。最终，市场跌至原来人们做梦都想不到的低位。这就是为什么每次当人们都认为股价不可能再进一步下跌或上涨时，市场却恰恰走向了相反的方向。公众总是错的，因为他们从不遵循既定的交易原则，也没有组织性和纪律性，只不过是一群乌合之众而已。人们往往会寄希望于政府通过购买棉花、小麦和发放贷款等措施，能够终结经济大萧条。然而事实却是，当一个上涨周期结束之时，另一个下跌周期必然来临。因此，在下跌周期结束之前，任何力量都不能阻挡这种趋势。同样，当市场的基本趋势向上时，政府的干预措施或者其他任何力量都无法阻止股价的上涨，直至上涨周期结束，拐点来临。

每一位交易商和投资者都应该进行独立的研究，学习并运用交易原则，而不是寄希望于那些对市场的了解程度还不如自己的人。

交易商和投资者如何被愚弄——未来篇

在 1935 年，尤其是下半年，新闻记者、统计学家和经济学家都在撰文讨论大额低息贷款和天量的银行储备金。他们谈论通货膨胀，试图使人们相信政府已经改变了外部的经济环境和银行利率。这样一来，股票市场一定会继续上涨，理由仅仅是因为贷款变得更容易了。但是他们忘记了一个重要的事实，即在许多情况下，这些钱都掌握在非常聪明的投资者手中，他们绝不会在股价过高时买进；被他们忽视的另外一个事实是，这些资金并非处于流动状态。大量的钱都被存进了银行，被保险公司和储蓄银行持有，它们都不是现金，而是以政府债券的形式存在。如果强行将这部分资金注入股市，那么债券市场就会崩盘，结果将会导致另一轮新的恐慌。在股市中有这样一条原则，当每个人都确信一件事情会发生时，这件事通常已经发生或者其效果已经打了折扣。当人们在纷纷谈论通货膨胀以及股票和大宗商品期货的价格会涨到多少时，我的观点是自 1933 年以来我们一直处于通货膨胀状态下，所有的东西都已经打了折扣。而现在，市场已经做好准备去贴现 1936 年秋季总统大选之前通货紧缩的影响了。市场总是会先你一步。

引发下一轮熊市的原因

这一届美国政府推出了自己的 "新政"（New Deal），而我则认为将这一新政称为"不公正的新政"（Raw Deal）更加合适。因为政府在决定推行这一新政时，并没有考虑到他们是否真正了解各行各业的具体情况。大多数政客和他们的"智囊团"对任何一个行业几乎都一窍不通。他们所知道的都是纸上得来的理论，而放到实践中却一无是处。依照他们的想法，应该对商业"采取严厉措施"。如果这一政策真正被执行了，那么约翰逊将军（General Johnson）很可能会像他极力想做到的那样，对亨利·福特（Henry Ford）"采取严厉措施"。福特汽车工厂将关闭，成千上万的人们会失去工作并破产。那些"新政拥护者"们的态度是，凡是他们已有的政策，就应该欣然接受；凡是他们没有而你们给他们的建议，则一定不会奏效。他们的政策就是要创建一个由游手好闲的人所组成的国家。他们教导人民要依靠政府，要依靠其他的纳税人，这是我们所能预见的最糟糕的事，迟早会令整个国家陷入严重的、无法挽回的状况之中。这个国家是由那些具有无比的勇气和坚定的信念的先祖们，日复一日地辛勤劳作换来的。他们雄心勃勃勇于开拓，历尽千辛万苦来到这个新的国家，用自己的双手辛勤劳作才构建起现在的美国。我们怎么能只靠拉动消费而不努力工作来建设它呢？政府不应攫取一些人的劳动果实，转而送给另外一些人；政府也不应向那些辛勤工作且事业有成的人征税，转而将这些钱用来弥补那些生意失败的人的亏损。从一家生产制造商那里征税，然后将所得用来贴补另一家亏损的企业，这在逻辑上有点像一面从购买农产品的人那里征税，一面把钱贴补给农民用来摧毁农作物，杀死牛群和狗，以此来促使农产品涨价。价格涨得如此之高，以至于那些实实在在努力工作的工薪阶层，依靠自己的劳动所得竟然吃不起猪肉。

农民可以管理好自己的作物，事实证明他们一直都能自我调控，否则他们将像那些做生意的人一样失败。这是古老的"适者生存，不劳动者不得食"的理论在起作用。在这个世界上，没有人可以不劳而获。过去没有，现在没有，将来也不会有。我们不能人为地打破大自然的补偿法则。大自然会给那些辛勤劳作者以回报，多劳多得。

在美国，人人生而平等，没有某个人或者是某一部分人高于其他人。大多数人选举罗斯福来当他们的总统，他们并不知道他们选举的其实是罗斯福总统身后的"智囊团"。国会已经授权给罗斯福总统，允许"智囊团"来管理这个国家。其实，政府部门和其他行业或者个人一样，如果每年花费的钱是收入的2到3倍，那么这个政府早晚要垮台破产。现在，政府对各个行业的干涉和庞大的开支意味着麻烦迫在眉睫，清算之日迟早会到来，最后买单的人一定是纳税人。正如第一次世界大战和美国政府，以及美国以外的其他国家政府的一些愚蠢做法，综合起来导致了上一次的经济危机一样，后果都是人民群众来买单。而现在，我们不得不直面这个前所未有的经济大萧条时代，我们无路可逃。这次经济大萧条引发了股市的大恐慌。当股市恐慌来临时，交易者和投资者总是会错过亡羊补牢的时机，直到熊市的末尾才去清理自己手中的股票，尽管在已修订的《证券交易法》[①] 的限制下，股价会伴随着较低的成交量继续下跌。

如果美国的现行政策还要持续四年，那么整个国家就会崩溃[②]。因为银行被迫承担了政府强行推销给它的几十亿美元的国债，所以无法向储

---

① 修订的《证券交易法》旨在降低个人或机构单只股票的持股数量。——译者注
② 事实并非如此，罗斯福新政的繁荣期在历史上赫赫有名。——译者注

户兑现存款。当持有大量国债的储蓄银行、保险公司和信托公司发现国债已经贬值了 15% ~ 30% 时，就会认为是政府印发了过量的钞票从而引发了通货膨胀。如果真是这样，那么纸币还有什么价值呢？这个国家仅存的、唯一的希望就是，立刻停止这种不计后果的支出，并立即着手解决已经存在的问题，努力走出困境。堪萨斯州（Kansas）州长兰顿（Landon）曾表示，他可以使用更为节约的方式来管理州政府。他说到做到，已经在堪萨斯州做到了减少负债和收支平衡。如果停止某些支出并使预算平衡，美国就可以从罗斯福政府犯下的错误中恢复过来。而且，未来政府不应对商业经营征收过高的税金，而工商业者们则可以通过他们合法的商业经营来支持政府的合理支出，而不是支撑起一个充满游手好闲的人的国家。

经纪商贷款对股价的影响

自 1932 年以来，市场曾出现了大幅上涨，但是经纪商的贷款并没有增加多少。这是因为新的《证券交易法》规定，客户必须要提供大量的保证金，而且，投资者买入股票以后要先付款。正是因为这一原因，虽然股市在 1932—1935 年间出现了大幅上涨，但是并没有引起短期贷款利率的升高。然而，最近短期贷款利率和定期贷款利率都进行了适度的调高。贷款利率的提高并不一定意味着目前这轮牛市已经走到顶点，而事实上，股市可能由于大量的资金闲置而下跌。

现在，欧洲一些国家购买了大量的美国公司股票，并且在美国拥有大量的存款。他们可能随时抛售股票并取出他们的存款。毫无疑问，这种抛售会引发股市动荡。如果暴跌不可避免，那么将会引发更多的投资者加入到做空美国市场的抛售队伍中来。果真如此，则势必会导致另一次股市大恐慌。

总市值

纽约证券交易所在 1929 年处于历史最巅峰时，所有上市公司的股票价值总和超过了 900 亿美元。而到了 1932 年 7 月股市触底之时，市场的总市值大约在 120 亿至 150 亿美元之间。股市总市值在 34 个月内蒸发了 750 亿美元。这种市值的大幅缩水不仅在美国史无前例，而且在全世界也是独一无二的。截至 1935 年 12 月底，纽约证券交易所全部上市公司股票的总市值为 460 亿美元，与 1932 年最低点时相比增长了 300%。这表明股市即将展开新一轮下跌。

投资信托公司何时会卖出股票

在可能会引发股市下一次恐慌或者经济萧条的原因中，投资信托公司会在何时卖出股票这一因素至关重要，因为它们现在都已经满仓了。一些投资信托公司会在低位大量买进股票，但是也有许多公司是在股价高涨时买进的。它们的共同点是都持有相当大数量的股票。因此，一旦它们开始卖出股票，仅投资信托公司的抛售就能引发市场快速而猛烈的下跌。除此之外，还有不少美国境外的信托投资公司也持有大量的美国股票，它们的抛售行为也会对美国股市的下跌造成严重的后果。另外，市场资金面情况的改变、欧洲的战争或其他的不利因素都会引发市场上的抛售行为，而这种抛售行为的后果最终将导致市场恐慌，股价一路下跌，步入漫漫熊途。然而，正如我们前文中所讲的那样，聪明的交易者可以通过对个股形态强弱的研判、成交量和阻力位等因素的综合研究，快速判定出个股的趋势变化。一旦发现趋势有转头向下的迹象时，就应根据我们的交易原则尽快做出相应的调整，来顺应趋势的变化。

铜和其他金属类股

在过去的几年中，人们一直都在谈论每盎司 1.29 美元的银价会对铜以及其他金属类股产生什么样的影响。人们买进金属类股票的主要原因是，他们坚信政府会将银价保持在每盎司 1.29 美元。但是他们没有考虑到，早在《购银法案》（*Silver Bill*）通过，政府尚未开始购买银之前，这些相关类股票就已经开始上涨了。因此，银价的上涨对金属类股的刺激作用已经大打折扣。在最近几个月中，银价每盎司下跌了 25 ~ 30 美分。这是因为全世界各国都将银运往美国，美国成了全球唯一的银买家。银供大于求，铜和其他金属类股可能会随着银价的下跌而下跌。而如果银价持续下跌，投资者就无法在这些股票上获利，股价将会继续下跌。

股票的分红派息与扩股

我曾经在我的其他几本书中提到过分红扩股问题，其目的主要是为了吸引更多的投资者买进。通常情况下，股票在分红和分拆之后会下跌至极限低点，再加上价格看起来相对便宜，所以很受投资者欢迎。在过去的10～15年间，一些股票已经经历过多次分拆。大部分在1924—1929年间大肆宣传派发股息红利的股票，它们的股价都没能在1932—1935年间的牛市中上涨多少。举例如下。

伍尔沃斯（Woolworth）百货公司：1920年，伍尔沃斯百货公司宣布分红方案，每10股送3股；1924年，每1股被拆分成4股；1927年，派发方案为每10股送5股；1929年，每1股被拆分成2.5股。最后一次股票拆分断送了伍尔沃斯百货公司股票作为行情领头羊的地位。

1924年，该股的最高价是每股345美元。到了1929年，经过拆分后的股价最低跌至52.25美元。在1930年的6月和12月，该股两次重回这一价位。最后，在1931年股价反弹至72美元。此后，该股步入了漫漫熊途。1932年5月，该股跌至最低点22美元。后来，在1932—1935年的牛市中，伍尔沃斯百货公司股票的上涨幅度远小于它在以前的牛市行情中的表现。1935年6月，该股最高上涨至65.25美元，差7美元没能到达1931年的最高点。随后，该股比其他股票提前见顶。股价从1935年12月再度开始下跌，之后最低跌至 52.125 美元。

近些年的激烈竞争导致伍尔沃斯百货公司的利润大幅下降。当年以 5 美分和 10 美分连锁店称霸全美的风光早已不再。至此，它再也不会成为牛市的领涨股或者经济萧条时期的一个好的投资标的了，因为它的股价波动范围太小，交易者无利可图。"由来只闻新人笑，有谁见过旧人哭"，这是人类的本性。但是人们也会在与旧人的分别和寻找新人的过程中付出代价，而追逐后者是为了赚取利润。

可口可乐：1927 年，可口可乐公司宣布其分红方案为每 10 股送 10 股；1929 年的分红方案也是每 10 股送 10 股；1935 年 12 月派发了每 10 股送 30 股的超额红利。此次分红未实施之前，该股在 1932 年 12 月跌至最低点 68.5 美元，之后在 1935 年 11 月最高涨至 298.5 美元。1935 年 12 月，送过股的可口可乐股价涨至 93 美元，相当于分红前每股 372 美元（复权价），创出了新高。

可口可乐之所以能长盛不衰，很可能是因为长期以来人们对它的信任。这种信任超过交易所中任何其他的股票。人们相信，可口可乐公司会永远保持巨大的收益能力，并且无论它经过多少次送股，如何分红扩股以及拆分，股价涨到什么样的价位，它都会继续涨下去。而在我看来，这恰恰是最可靠的做空可口可乐的理由。我敢断言，它会在下一轮熊市中大幅下跌。我愿意相信，公司本来想依靠这次分红扩股吸引到更多愿意持有该股的投资者，然而事与愿违，一些持有该股多年的投资者却将这次分红扩股视作退出该股的绝好时机。

每一只股票都有自己的巅峰状态，正如人在达到自己事业的巅峰状态之后，他的事业就会开始走下坡路一样，每个公司在抵达这一巅峰状态之后都会面临着衰落。可口可乐公司也不例外，它也一定会重复其他公司的股票走过的历程，股价将重新回到最低点。可口可乐公司在产品宣传上投入了巨额广告费用，并且其企业的管理费用也非常高昂。只需几年时间的经营不善，可口可乐这么多年的盈利就会消失殆尽，股票红利也将随之减少。这种状况迟早会发生。到那时，可口可乐公司股票的价格就会像可口可乐的饮料瓶中都装满了水一样，去寻求适合自己的价位。

请注意观察那些经过拆分和分红派息的股票，在购买这类股票时一定要分外小心，因为它们不仅不可能成为未来牛市的领头羊，反而是很好的做空标的，而且还极有可能成为下一波熊市行情的领跌股。

从低价股中寻找未来的领涨股

现在我们通览一下纽约证券交易所的股票清单，我们发现 1932 年在 10 美元以下交易的股票，在 1932—1935 年这段牛市期间都涨幅巨大。在 1932 年或 1933 年，如果你手头有 1000 美元、2000 美元、5000 美元、20000 美元或者更多钱可以用来投资，你将资本平均分为三份，其中三分之一购买价格为 6 ~ 10 美元的股票；三分之一购买价格为 3 ~ 6 美元的股票；剩下的三分之一用于购买价格在 3 美元以下的股票，你将会获取巨额利润。如果你的本金足够多，你可以同时交易 10 只或者更多价格在

1美元以下的股票，因为这些低价股会带来比投资其他股票更高的收益。即使你损失了四分之一的本金，你的利润也会非常可观。举例如下。

埃文斯产品（Evans Products）：1932年，该股的最高价为每股50美分，而到了1935年，股价涨至每股40美元。

乌达耶好时公司B（Houdaille Hershey "B"）：1932年，该股最高价为每股1美元，而到了1935年，该股的最高价为每股31美元。

施皮格尔·梅·施特恩（Spiegel-May-Stern）公司：1932年，该股的最高价为62.5美分，而到了1935年，该股的最高价为每股84美元。

由此，你很容易联想到当今股市中的低价股，切记并不是所有的低价股都是适合操作的。一方面，确实有一些现在的低价股会成为将来行情的领涨股；而另一方面，也有许多低价股最后沦落至资产清算委托人的手中进行管理，还有许多低价股交投清淡，且多年以来一直保持在低位窄幅运行，沦落成为僵尸股。因此，分析研究这些股票的月线图和年线图是十分有益的，这可能要花一点点时间，并且要持续关注它们。随后，当它们中的任何一只股票开始变的活跃，突破了过去几年的顶部之后，就可以买进。只要该股一直处于强势，就一直持有。

航空股

1935年下半年，政府的订单刺激了航空类股票的上涨。这是因为政府的订单可能在这类航空公司的未来收益中扮演非常重要的角色。如果美国国内或者国外发生战争，那么航空制造类公司将大发横财。

道格拉斯航空公司：在航空制造类公司中，我们认为道格拉斯航空公司未来将是该类公司中的佼佼者。我们预计该股还能够上涨到更高的价位。1935 年下半年，该股股价突破了 1929 年以来的历史最高价。这表明该股仍将继续上涨。

邦 迪 克 斯 航 空（Bendix Aviation）和 汤 普 森 产 品（Thompson Products）：这两家公司主要从事飞机零部件设计和制造，品相良好值得关注。

斯佩里公司（Sperry Corporation）：另一家飞机零部件设计制造商，它制造的产品拥有航空业最重要的专利权，包括斯佩里陀螺仪和罗盘，还有"自动驾驶仪"等。

泛美航空（Pan American Airways）：该公司属于航空运输业，公司的流通盘非常小，而且是管理最佳的公司之一。它一直保有着完美的飞行记录，收入也一直在稳步增长，而且毫无疑问会继续增长。

联合航空（United Aircraft）：这是另一家有着灿烂前景的企业。随着空乘业务利润的不断增长，这家公司的盈利也在不断增长（如图 8-1 所示）。另外，该公司的资本雄厚而且管理完善。

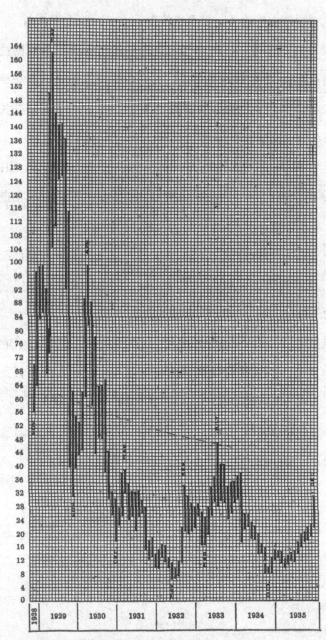

图 8-1 联合航空月线高低点示意图（1928—1935 年）

国民航空（National Aviation）：该公司的总股本仅有47.7万股，是一家名副其实的航空类股票投资信托公司，持有多家航空公司的股票。这只股票前景广阔，应给予充分的关注。交易者应该在下一轮牛市来临之前，在底部最低点附近买进这只股票。

下列这些公司也值得关注。它们分别从事航空领域的不同行业，即制造、运输和辅助设备。

航空公司（Aviation Corporation）

邦迪克斯航空公司

波音飞机公司（Boeing Airplane）

统一航空公司（Consolidated Aircraft）

科斯蒂·莱特A（Curtiss Wright "A"）

道格拉斯飞机公司

艾克塞罗飞机公司（Excello Aircraft）

费尔柴尔德航空公司（Fairchild Aviation）

欧文航天公司（Irving Airchute）

洛克希德飞机公司（Lockhead Aircraft）

国民航空公司

北美航空公司（North American Aviation）

泛美航空公司

斯佩里公司

汤普森产品公司

横贯大陆与西风航空公司（Transcontinental & Western Air）

联合航空公司

联合航线公司（United Airlines）

韦科飞机公司（Waco Aircraft）

西部空中快车公司（Western Air Express）

莱特航空公司（Wright Aeronautial）

航空业未来的美好前景毋庸置疑，更重要的是，航空运输是未来横跨大西洋和太平洋，以及贯通全世界的运输方式。随着时间的推移，航空运输业会继续发展繁荣，与之相关的股票也会随之繁荣。如果交易者持续关注这类股票，能够确实依照个股的趋势并遵循本书中提及的交易原则进行交易，那么他一定能获得相当可观的财富。就像我们当初在交易铁路股和汽车股时所做的那样。

专家解读

为适应时代的需求，畅销的股票书通常会在结尾写下对未来市场、热门板块和个股的预测。江恩也是这样。除了大段引述以前出版的书籍中已经应验的预言之外，江恩对投资者和交易者是如何被愚弄的，以及引发熊市的原因都进行了探索。前者今人已经讨论得很多，这里不做赘述；后者将熊市的原因归咎于政府的不当政策，矛头直指欧洲社会的高福利政策，多少有些牵强。熊市自有其自身的成因，如果政府在熊市中能起到什么作用的话，顶多也就是推波助澜、落井下石而已。如果按照江恩这样的逻辑，不劳动者也有食，那么欧美应该是最没有创造力的社会才对。

然而事实很明显，从江恩那时算起至今，世界上绝大多数科技进步都是由欧美人完成的，这又作何解呢？

从对未来的判别中，低价股和小盘股依然深受江恩喜爱。至于他着重点出的航空股有没有在后来的行情中成为领涨股，译者遍寻资料而不可得。江恩当时的预言有可能是正确的，这一点我们不去探究了。我们关心的是他当时推选出航空类股的理由，并以此借鉴A股，推测未来可能会领涨的板块。

纵观全书，五要素，七原则，还有交割单中透漏出来的买点和卖点、底部和顶部、趋势反转与否的判定方法，都对如今的投资者们有着莫大的帮助。译者本人也受益匪浅。虽然已经不是第一次接触这些原则，但是随着年龄的增长，在市场中沉浮的经历不断积累，使得重读一遍之后又平添了若干的信心和力量。

不论怎样，有一点我是非常欣赏江恩的。市场就是一个江湖，只有潜心研究并不断学习的人才能生存并获利。他可能并没有从股市中赚到多少钱，但是这丝毫不影响他的交易理念和思想，在一百年以后仍能对如今的交易者们做出指引。

后 记

我坚信古老的商业法则，"服务愈佳，获利愈大"。我在撰写这本《江恩股市趋势理论》时，已经将我宝贵的知识和经验中最精华的部分无私地奉献给读者了。我在本书中所提供的交易原则都非常实用，而且经得起时间的考验。我已经履行了我的职责，如果你也能履行你的职责——对市场和个股走势进行认真分析和辛勤研究，那么你必将成为华尔街优秀的股票探测者。你所花费的时间和精力都将获取相应的回报。当读过此书的读者了解到，仅凭希望和猜测进行交易是一种愚蠢的赌博行为，从而开始走上安全、理性交易和投资的康庄大道之后，人们对我的回馈也必将会到来。

威廉·D. 江恩

· 好书推荐 ·

基本信息

书名：趋势投资——金融市场技术分析指南

作者：丁圣元 著

定价：118.00 元

书号：978-7-115-54580-0

中国金融界的思想家和卓越实践者丁圣元先生

历时 10 年打造

30 年职业生涯的集大成之作

- 将日本蜡烛图技术和西方技术分析工具落地到每一天的交易当中。

- 3 阶段趋势走势模式分析。

- 5 大基础趋势分析工具系统讲解。

- 10 个买卖点形态交易指导。

- 332 张图形示例解读。

- 使您始终站在趋势一边，通过趋势演变来领会市场的本质，站在长期的视角来看待当下的变化，以行情的事实为依归，应对市场的不确定性，做出合理的交易决策。